국외한국전적 1-1

# 러시아와 영국에 있는 한국전적 1

## 자료편: 목록과 해제

국외한국전적 1-1

# 러시아와 영국에 있는 한국전적 1
## 자료편: 목록과 해제

국외소재문화재재단 편

국외소재문화재재단
Overseas Korean Cultural Heritage Foundation

일러두기

1. 이 단행본은 국외소재문화재재단이 2014년 실태조사 정책연구용역과제로 진행한 '구한말 해외반출 조선시대 전적 현황 조사 연구: 주한 영국공사 애스턴 소장본을 중심으로'(책임연구원 유춘동)의 결과를 국외한국전적 총서로 펴낸 것이다.
2. 총서명은 '러시아와 영국에 있는 한국전적'이며 다음과 같이 총 세 권으로 구성되었다.
   1-1 자료편: 목록과 해제, 1-2 연구편: 자료의 성격과 가치, 1-3 애스턴의 조선어 학습서 *Corean Tales*
3. 각 조사기관의 전적을 목록화하면서 사진과 서지사항, 간략해제를 붙였다.
4. 일부 복본(複本)의 경우, 두 번째 사진은 전적의 특성을 보여주는 것으로 게재하였다.
5. 인문(印文)이 있는 전적은 인문 위주로 사진을 게재했고, 판독할 수 없는 것들은 서지사항에 기재하지 않았다.
6. 전적의 표제는 한국고전적종합목록시스템을 따랐고 현대어로 표기했다.
7. 한글고전소설의 표제는 현대어로 표기했다. 그리고 책에 따라 한자명(漢字名)이 다르게 기재된 것을 고려하여 한자로 병기하지 않았다.
8. 2.1. 소장처 별 총 서목은 기관별 청구기호 순서를 따랐다.
9. 2.2. 작품별 서지 및 해제는 기관별 분류를 따랐다.
10. 외부 필자의 의견은 재단의 입장과 다를 수 있음을 미리 밝힌다.

# 목차

# 발간사

국외소재문화재재단은 2013년부터 국외 박물관과 미술관, 도서관 및 개인 소장자를 대상으로 우리 전문가들을 현지에 파견하여 문화재의 현황을 파악하고 조사하는 실태조사 사업을 실시하고 있습니다. 이러한 노력의 일환으로 재단은 2014년 정책연구용역과제를 시행하여 러시아와 영국 소재 한국전적을 조사하였고, 그 결과를 엮어 '국외한국전적' 총서 3권을 펴내게 되었습니다.

조사단(책임연구원 유춘동, 선문대 역사문화콘텐츠학과 조교수)은 구한말 해외로 반출된 조선시대 전적 가운데 주한 영국공사였던 윌리엄 애스턴(William George Aston, 1841~1911)의 수집본이 소장된 러시아의 상트페테르부르크 동방학연구소와 영국의 케임브리지대학 도서관 및 상트페테르부르크 국립대학을 중점 조사했습니다. 더불어 조사 과정에서 한국전적이 소장된 것으로 확인된 런던대학 동양아프리카대학(SOAS)도 조사하게 되어 2개국 4기관에서 총 377종 2,029책을 확인하였습니다.

러시아의 상트페테르부르크 동방학연구소의 소장품은 기왕에 일부 조사된 바 있으나 나머지 3기관은 국외소재 한국문화재 통계에 집계되지 않은 기관으로서 현황파악 및 조사가 필요한 상황이었습니다.

러시아 상트페테르부르크 국립대학은 러시아에서 가장 오래된 대학으로 1724년에 설립되었고 1890년대부터는 조선주재 외교관 양성을 위해 조선어 교육을 실시하였습니다. 그 때문에 소장본들이 조선어 학습과 밀접한 관계를 가지고 있습니다. 상트페테르부르크 동방학연구소의 전신은 러시아 학술아카데미 동양필사본연구소로 1818년에 아시아박물관 내 연구기관으로 설립되었습니다. 1950년 연구소가 수도인 모스크바로 이동하면서 상트페테르부르크 동방학연구소는 지부가 되어 근대 이전의 중요한 고서들의 보관, 연구를 담당하게 되었습니다. 동방학연구소에는 애스턴과 조선에서 외교 고문으로 활동했던 파울 폰 묄렌도르프(Paul Georg von Möllendorff, 1848~1901)가 수집한 고소설 및 한일관계를 다룬 다수의 책들이 소장되어 있습니다.

영국 케임브리지대학 도서관은 영국 6대 납본(納本) 도서관의 하나로, 일본학 컬렉션으로도 유명합니다. 한국전적은 애스턴 사후 그의 장서 중 일본서를 양도받는 과정에서 일부가 섞여 들어갔던 것으로 보입니다. 런던대학 SOAS는 한국어 또는 한국 미술과 고고학, 법학 등 한국을 주제로 한 도서를 다수 소장하고 있습니다. 대부분이 근현대 자료이며, 남북한 자료가 혼재되어 있다는 것이 특징입니다. SOAS에서는 고소설을 중심으로 전적류 32종 48책을 확인하였습니다. 케임브리지대학 도서관에서는 애스턴의 장서 목록과 함께 한국어를 학습했던 방식을 보여주는 메모지 등의 자료를 새롭게 확인하였습니다. 또한 중국서 혹은 일본서로 잘못 분류되어 있던 한국전적을 찾아내었으며, 미국인 선교사 드류(A. Damer Drew, 1859~1926)가 기증한 초기 성경 관련 자료도 확인할 수 있었습니다.

'국외한국전적' 총서 『러시아와 영국에 있는 한국전적』은 총 3권으로 구성되었습니다. 제1권은 4개 기관에서 조사 완료된 한국전적 총목록이며 제2권은 현지조사를 바탕으로 한 연구논문집입니다. 마지막 제3권은 애스턴이 수집하여 현재 러시아 상트페테르부르크 동방학연구소에 기증한 『조선설화(Corea Tales)』입니다. 『조선설화』는 흥미로운 11개의 단편들을 묶은 책으로 조선어 교사였던 김재국이 애스턴의 조선어 학습을 위해 제작한 책으로 알려져 있습니다.

총서가 발간되기까지 국내외 많은 분들의 도움이 컸습니다. 유춘동 책임연구원을 비롯하여 조사단의 허경진, 이혜은, 백진우, 권진옥 공동연구원의 노고가 없었다면 이런 귀중한 단행본은 발간될 수 없었을 것입니다. 연구자들이 성실하게 조사에 임하고 보고서 발간 과정에서 최선을 다해 주었기 때문에 순조롭게 짜임새 있는 보고서가 나올 수 있었습니다. 러시아 상트페테르부르크 국립대학과 동방학연구소, 영국의 케임브리지대학 도서관 및 SOAS의 모든 관계자에게도 깊은 감사의 뜻을 전합니다. 특히 러시아의 아델라이다 트로체비치(Adelaida. F. Trotsevich) 교수와 국립대학의 아나스타샤 구리예바(Anastacia. A. Guryeva) 교수의 협조와 배려는 각별했습니다. 마지막으로 2014년 정책연구용역을 총괄한 최영창 조사연구실장을 비롯하여 조사연구실 직원들에게도 감사의 뜻을 표합니다.

이 보고서가 앞으로 국외소재 한국전적에 관심 있는 기관과 개인에게 널리 이용되기를 바랍니다.

2015년 8월
국외소재문화재재단
이사장 안휘준

# 1. 조사 경위 및 배경

유춘동*

## 1.1. 조사 경위

조선 후기에서 일제강점기 사이에, 외국인에 의하여 국외로 반출된 우리나라 전적에 대한 조사와 연구는 그동안 여러 국가 기관과 연구자들에 의하여 진행되었다. 그러나 러시아 상트페테르부르크 국립대학과 동방학연구소, 영국 케임브리지대학에 분산되어 소장되어 있는 윌리엄 애스턴(William George Aston, 1841~1911) 구장(舊藏) 한국전적에 대해서는 자세히 알려진 바가 없다.

본 조사단은 이러한 문제를 인식하고 국외소재문화재재단의 지원을 받아 러시아 상트페테르부르크 국립대학(이하, 국립대학)과 동방학연구소, 영국 케임브리지대학에 소장되어 있는 애스턴의 소장본을 조사 연구의 대상으로 삼았다.

애스턴은 외교관으로만 알려져 있지만 그는 외국인들 사이에서 유명한 조선시대 전적 수집가로 손꼽히는 인물이었다. 그러나 그가 어떤 경로를 통해서 책들을 수집했고, 총량은 어느 정도인지, 현재 어떤 책들이 남아있는지는 알려지지지 않았다.

사진 1. 애스턴의 생전 모습을 그린 초상화

애스턴은 자신의 우월한 신분을 이용하여 우리나라의 중요한 전적들을 수집했다. 그러나 안타까운 사실은 그가 수집했던 우리나라의 중요한 전적들이 사후(死後)에 어떤 이유에서인지 모르겠지만 러시아 국립대학과 동방학연구소, 영국 케임브리지대학 등으로 뿔뿔이 흩어졌다는 점이다.

애스턴이 수집했던 우리나라의 전적 중에서 러시아 국립대학과 동방학연구소에 소장되어

---

선문대학교 역사문화콘텐츠학과 조교수

있는 것들의 경우, 그동안 여러 연구자들이 접근을 모색했었다. 하지만 1990년대 초반까지는 냉전 구도로 인하여 자료 접근이 어려웠고, 지금은 열람에 대한 까다로운 절차 등으로 인하여 조사가 제한적인 상황이다.

영국 케임브리지대학에 소장되어 있는 애스턴 소장본은 일본전적과 조선전적, 두 종류로 나뉜다. 이 중에서 일본전적은 일본인 학자들에 의하여 자세히 소개되었다. 그러

사진 2. 러시아 상트페테르부르크 국립대학에서의 조사 장면

나 그가 수집했던 조선시대 전적은 알려진 바가 없다. 이 대학에서 애스턴 장서를 연구한 피터 코니스키(Peter Kornicki) 교수는 우리나라 책은 거의 없다고 한 적이 있다. 이러한 언급으로 인하여 국내 연구자들은 케임브리지대학에는 우리나라의 전적이 없다고 생각했다. 뒤에서 밝히겠지만 본 조사단이 확인한 결과 코니스키 교수의 언급과는 상반되게 상당수의 조선시대 전적이 존재하고 있음을 알 수 있었다.

본 조사단은 2014년 6월 23일부터 7박 8일의 일정으로 러시아 국립대학과 동방학연구소를 방문하여 전수 조사를 실시했다. 그리고 2014년 8월 23일부터 7박 8일의 일정으로 영국 케임브리지대학, 런던 동양아프리카학대학(School of Oriental and African Studies, 이하 SOAS)을 방문하여 동일한 작업을 수행하였다. 그 결과 다음과 같은 결론을 얻었다.

먼저 러시아 국립대학을 전수 조사한 결과, 84종 855책의 조선시대 전적이 본 기관에 소장되어 있음을 확인했다. 그리고 동방학연구소에서는 176종 972책의 조선시대 전적을 확인할 수 있었다. 이곳에는 김준근의 풍속화도 있었는데, 이를 제외하면 러시아의 두 기관에 소장되어 있는 조선시대 전적은 총 260종 1,827책이다.

영국의 경우, 케임브리지대학을 조사하면서 런던대학 SOAS도 함께 방문하여 조사를 진행했다. 영국 케임브리지대학에서는 85종 153책의 조선시대 전적을 새로 발굴했다. 이 과정에서 기존에 알려지지 못했던 애스턴 장서목록, 성경자료 등을 확인했다.

그리고 런던대학 SOAS에서도 기존에 소개되지 못한 32종 49책의 조선시대 전적을 확인할 수 있었다. 이 대학도 그동안 조선시대 전적이 없다고 알려진 기관이었지만 본 조사단의 조사 결과 비교적 많은 양의 우리 전적들이 소장되어 있음을 확인했다. 따라서 본 조사단이 영국의 두 기관에서 확인한 조선시대 전적은 총 117종 202책이었다.

본 조사단은 러시아와 영국의 네 기관을 최종 조사한 결과, 조선시대 전적 377종 2,029책의 존재를 확인했다. 이 책에서 정리한 네 기관 소장 한국전적의 목록과 해제는 구한말에서 일제강점기의 문학, 문헌학, 역사, 정치, 국제관계 분야의 연구에 큰 기여를 할 수 있을 것으로 보인다.

다음 장에서는 조사 결과를 제1, 제2, 제3과제로 구분하여 구체적으로 살펴보기로 한다.


## 1.2. 제1과제: 애스턴 장서의 성격 규명

본 조사단은 러시아와 영국에 분산되어 있는 애스턴 장서의 총량, 장서의 특징, 수집 배경, 조선어(한글) 공부의 방법들을 확인했다. 그가 수집했던 조선시대 전적은 러시아 동방학연구소에 176종 972책, 영국 케임브리지대학에 85종 153책이 있다.

그가 수집했던 장서는 외형적으로 다음과 같은 특징이 있다. 그의 장서는 '英國阿須頓藏書' 소장인(印)이 찍힌 것, ASTON COLLECTION과 같이 케임브리지대학 도서관에서 직접 찍은 것, 실제 애스턴 소장본이었으나 아무런 표식을 해놓지 않은 것으로 구분된다. 그가 수집했던 문헌의 형태는 금속 활자본에서부터 필사본에 이르기까지 다양하다. 아울러 문헌의 종류는 역사서, 문학서, 18~19세기에 간행된 문집 및 서적류, 방각본 소설류, 세책 고소설류, 조선어(한글) 교재 등으로 다양하다.

애스턴이 이처럼 조선시대 전적을 수집하게 된 경로를 보면 크게 두 가지로 나뉜다. 하나는 그를 가르쳤던 조선인 교사들로부터, 다른 하나는 영국인 사토(Ernest Mason Satow, 1843~1929)로부터 수시로 자료에 대한 정보와 자료를 제공받아 구매하였다. 이것은 그의 소장본에 찍힌 소장인이나 기재된 이름으로 확인된다.

조사를 통해서 새로 확인할 수 있었던 또 다른 점은 그가 조선전적을 구매하면서 따로 목록(目錄)을 작성했다는 점이다. 목록은 러시아 동방학연구소, 영국 케임브리지대학 두 곳에서 볼 수 있다.

사진 3. 애스턴 장서에 찍혀있는 사토의 장서인 '英國薩道藏書'

그가 수집했던 조선전적을 토대로 다음과 같이 조선어(한글)를 공부했던 것을 확인할 수 있다. 그는 조선어(한글)와 일본어를 비교–대조하면서 축자적(逐字的) 방법으로 우리말을 습득했다. 애스턴은 일본어에도 능통한 사람이었다. 따라서 일본어로 그에 해당하는 조선어(한글)를 배우는 방법을 택했다.

또한 애스턴은 고소설을 통해서 조선어(한글)를 학습했다. 그 대표적인 예가 <장화홍련전>, <적성의전> 등이다. 이때는 본문 옆에다가 그에 해당하는 한자(漢字)를 적어 놓았고, 영역(英譯)을 시도하기도 하였다. 그리고 이를 토대로 '조선의 대중문학'과 같은 논문도 작성하여 학회지에 발표하기도 했다.

아울러 자료를 조사하는 과정에서, 애스턴이 조선어(한글) 학습과정에서 자신의 심경을 드러낸 비망록도 확인했다. 비망록은 조선어(한글) 공부를 하면서 그대로 그 문장을 영어로 적어 놓은 것이 위주인데, 이때 중간 중간에 조선어(한글) 공부가 매우 어렵다는 느낌, 아울러 이와는 상관없이 외교관으로서의 책무, 조선의 현실에 대한 자신의 소회를 짤막하게 기술해 두었다. 아래의 <표>가 그러한 비망록의 한 예이다. 이 비망록을 보면 조선어(한글) 공부의 방식은 물론, 그를 가르칠 때에 선생님에게는 교재가 따로 있었음을 알 수 있다.

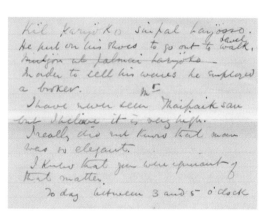

사진 4. 조선어(한글) 학습과정에 대한 비망록

Teacher's book of Korean near me
    Kil karyöko sinbal hayösso.
    He put on his shoes to go to walk/travel
    ~~Mulgon ul palmai haryeko~~
    In order to sell his wares he suffered a broker.
    I have never seen Mt. Thaibaiksan but I believe it is very high.
    Overall, did not know that view was so elegant.
    I knew that you were ignorant of that matter.
        Today between 3 and 5 o'clock.

표. 사진 4 조선어(한글) 학습과정에 대한 비망록을 옮겨 적은 것

이외에도 그가 수집했던 자료 중에서 눈여겨 볼 것은 조선 후기 세책본과 조선시대에 간행되었거나 필사본으로 유통되었던 어학서 등이다. 차후 이 자료들의 의미와 가치를 자세히 규명할 필요가 있다. 특히 그가 수집했던 세책본은 대부분 장편가문소설로, 앞으로 장편가문소

설의 유통에 있어서 세책본의 역할이 무엇인지에 대한 중요한 시사점을 제공할 것으로 기대한다.

애스턴이 수집했던 전적을 조사한 결과 다음과 같은 결론을 내릴 수 있었다. 그는 가장 먼저 조선어(한글)를 배웠고, 이후 '조선(한국)문화' 전반으로 관심이 옮겨졌다. 그리고 이에 대한 가장 유용한 자료이자 정보의 원천을 책으로 생각

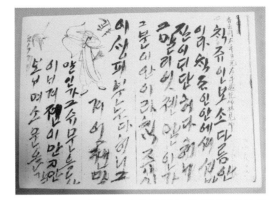

사진 5. 러시아 동방학연구소 소장 세책본 〈보은기우록〉의 낙서. 내용은 세책점 책주인에 대한 욕이다.

했다. 그래서 가능한 여러 경로를 통해서 다각도로 책을 수집했다.

이러한 근거를 토대로 다음과 같은 차후 과제를 생각해 볼 수 있다. 먼저 프랑스 동양학자 모리스 쿠랑(Maurice Courant, 1865~1935)의 수집 자료와 애스턴의 자료를 대조해보면 중복되는 자료가 많다. 이에 대한 정밀한 비교 및 대조를 통해서 자료의 원천이 어디인 지를 구명해야 할 것이다. 다음으로 논의를 확대하여 조선 후기 외국인·외교관들의 조선시대 전적, 수집에 대한 거시적인 논의가 필요하다.

## 1.3. 제2과제: 초기 성경 및 선교 관련 자료

영국 케임브리지대학에 소장되어 있는 애스턴의 자료를 조사하면서, 이와는 별도로 초기 성경 및 선교 관련 자료를 발굴하는 수확을 얻었다. 영국 케임브리지대학 지하 서고에는 총 85종 153책의 조선시대 전적이 존재한다. 이 책들은 대부분 일반 서적으로 분류되어 있다. 이 중에는 〈만조민광〉, 〈신약전서〉, 〈구약촬요〉 등을 비롯한 다양한 성경 및 선교 관련 자료가 존재한다.

이 자료를 확인한 결과, 1893년 미국 남장로교(The Presbyterian Church in the United States)에서 조선(한국) 선교를 위하여 최초로 파견되었던 의료선교사 알레

사진 6. 영국 케임브리지대학의 성경 및 선교 관련 자료. 이 책들은 모두 드류가 수집한 것이다.

산드로 드류(Alessandro Damer Drew, 1859~1926)의 수집품임을 확인할 수 있었다.

사진 7. 드류의 생전 모습

드류는 1893년 대학 졸업과 동시에 조선에 입국했다. 그는 입국하자마자 당시 많은 사상자를 냈던 콜레라 퇴치를 위해 노력했다. 이후 지방 선교 사업의 중요성을 인식하게 되면서 윌리엄 레이놀즈(William David Reynolds, 1867~1951), 윌리엄 전킨(William McCleey Junckin, 1865~1908) 등과 함께 전라도 지역으로 내려가 이 지역에서의 선교에 매진한다.

사진 8. 드류의 장서인 유대모(柳大模)

그는 1896년에 자신의 가족을 데리고 아예 군산으로 내려가 정착하게 되는데, 이때 자신의 집에다 진료소를 차려 놓고 환자를 돌보는 동시에, 군산을 비롯한 전북지역의 선교, 군산 예수병원 설립, 선교선(宣敎船)을 활용한 진료와 선교사업에 주력했다. 이후 함께 선교 사업을 펼쳤던 동료 전킨이 죽고, 남장로교 선교 본부에서 군산 선교부의 철수를 권하게 되면서, 드류는 조선(한국)에서의 의료 선교 활동을 그만 두고 1902년에 조선을 떠난다.

드류의 조선 이름은 유대모(柳大模)로, 그는 수집했던 성경, 선교 관련 자료에 모두 자신의 도장을 찍어 놓았다. 그가 수집했던 초기 성경, 선교 자료의 가치는 다음과 같다. 먼저, 그가 수집했던 자료를 통하여, 초기 성경책의 간행과 관련된 구체적인 정황과 사실들이 확인되었다. 이 책들은 기존 성경책 간행연도보다 앞선 것들이 많아서 차후 후대본과의 대조를 통한 새로운 사실, 성경 간행 연도에 대한 시기 확정 문제 등을 도출해 볼 수 있다.

또한 드류의 책들은 동일한 제목의 자료라고 하더라도 간행연도별로 지형(紙型)의 차이가 존재하여 성경 간행과 관련된 중요한 사실들을 보여준다. 초기 성경책에 기재된 간행 부수, 가격을 통해서 당시 개신교 신자들의 숫자를 가늠해 볼 수 있고, 교파(敎派)를 떠나서 거시적인 안목에서 당시 간행되었던 여러 성경 자료에 대한 면모를 가늠해 볼 수 있다. 이러한 점에서 이 자료들의 가치는 크다.

이 자료를 통하여 다음과 같은 차후 과제를 생각해 볼 수 있다. 프랑스에서 발굴된 성경 및 선교 관련 자료, 영국 옥스퍼드 대학에 존재하는 성경 및 선교 관련 자료, 프랑스에 있던 성경 및 선교 관련 자료를 구매한 선문대학교의 자료들을 함께 묶어서 성경 및 관련 자료 전체의 문헌학적 연구 등을 시도해 볼 필요가 있다.

## 3.4. 제3과제: 기타 기관별 자료의 특성

제3과제는 애스턴이 수집했던 조선시대 전적 이외에, 각 기관별로 소장되어 있는 전적들의 특성을 살펴보는 것이다. 먼저 살펴볼 것은 러시아 국립대학 소장본이다.

국립대학은 서양 대학에서 최초의 근대식 조선어(한글) 강좌가 개설된 곳이었다. 1895년 명성황후가 일본인에게 시해당하자, 고종은 가장 안전하다고 여긴 러시아 공사관으로 옮겨가서 정사를 보았다. 아관파천(俄館播遷)은 이러한 맥락에서 일어난 일이다. 고종은 1896년 러시아 황제 니콜라이 2세(Nicholas II, 1868~1918, 재위 1894~1917)가 대관식을 거행하자 민영환을 전권공사로 파견했다. 당시 민영환 사절단의 통역을 맡았던 김병

사진 9. 김병옥이 만든 춘향전 교재. 춘향전을 알기 쉽게 다시 정리한 것이다.

옥(金秉玉)은 계속 상트페테르부르크에 머물면서 공사관 서기로 근무하는 한편, 황제대학에서 조선어 강의를 맡았다.

김병옥은 1897년부터 조선어를 가르쳤는데, 처음에는 <천자문(千字文)>, <전운옥편(全韻玉篇)>, <유합(類合)>, <동몽선습(童蒙先習)> 등의 조선어 교재로 학생들을 가르쳤다. 그러나 이 책들은 한문으로 된 것이라 조선어를 가르치기에는 적합하지 않았다. 그래서 그는 학생들에게 고전소설을 교재로 택하여 조선의 언어, 풍습, 문화 등을 재미있고 현실감 있게 가르쳤다. 그래서 그는 우리 민족 최고의 고전으로 평가받는 <춘향전>을 교재로 택했다. 김병옥은 러시아 학생들의 한국어 수업에 <춘향전>을 교재로 활용하기 위하여 작품 내용과 표현을 손보았는데, 그의 필사본은 주로 이도령과 춘향의 사랑 이야기에 초점을 두고 이야기를 전개시켰고, 표현도 모두 쉽게 바꾸었다.

당시 러시아에는 조선어 활자를 갖춘 인쇄소나 출판사가 없었기 때문에 김병옥은 직접 손으로 써서 한글 교재

사진 10. 교육을 위하여 10부씩 구매했던 고전소설 교재

를 만들었다. 비슷한 시기에 홍종우(洪鍾宇, 1850~1913)가 프랑스에서 <춘향전>을 프랑스어로 번역했지만, 외국에서 <춘향전>을 각색하여 조선어 그대로 출판한 것은 김병옥이 최초였다.

국립대학 도서관 소장본 가운데 조선어 교육용 교재로 확인되는 것은 <춘향전> 이외에 <토생전>, <삼국지(권3)>, <설인귀전>, <숙영낭자전> 등이다. <춘향전>처럼 조선에서 유명 했던 소설은 물론, 대중들에게 잘 알려지지 않은 소설 모두를 국립대학으로 들여와 학생들 에게 읽혔다. 이처럼 조선어를 배우기 위해 고전소설을 교육용 교재로 사용했던 예는 일본 에서부터 시작되었다. 러시아도 이러한 일본의 전례를 그대로 따랐던 것으로 보인다. 교재의 수는 학생 숫자만큼 각각 10부씩 구입해서 10부가 한 세트처럼 소장되어있다.

한편, 대학에는 고전소설 이외의 조선의 정치, 역사, 지리, 풍습을 담은 다양한 책들이 소 장되어 있다. 당시 주한 러시아 공사였던 카를 베베르(Karl Ivanovich Wäber)와 드미트레프스키 (P.A. Dmitrevsky) 등이 <평양지(平壤志)>, <송경지(松京誌)> 같은 지지류(地誌類)를 수집해서 러시 아로 보냈고, 특별히 러시아 군사시설 조사책임자였던 스이로마트니코프(Sergii N. Syromiatnikoff) 는 지지류뿐만 아니라 조선인과 일본인이 편찬한 조선의 지도, 역사서인 <조선역사(朝鮮歷

史)>, <동국사략(東國史略)>, <고려사(高麗史)> 등 을 수집했다. 이 전적들을 보면 '규장지보(奎章 之寶)'나 '홍문관(弘文館)' 등의 장서인이 찍혀있 어 조선 정부로부터 이 책을 선물로 받았던 것 으로 여겨진다. 그는 책마다 "맹자와 공부자라" 는 글이 기둥에 적힌 전각에 용선(龍船)이 접근 하고 있는 특이한 그림이 그려져 있는 종이를 붙 였다. 이 종이에는 장서인처럼 "ex-libris Sergii N.Syromiatnikoff"가 적혀있다.

사진 11. 스이로마트니코프 장서 표시

국립대학에 수집된 전적은 조선어 교육이나 외교관 양성과 밀접한 관계가 있다. 국립대학은 러시아 최초의 조선어 교육 기관이었고, 그 목적이 유능한 외교관을 길러내기 위함이었기 때문이다.

이외에도 동방학연구소에는 파울 폰 묄렌도르프(Paul Georg von Möllendorff, 1848~1901)의 장 서 일부, 케임브리지대학의 토마스 웨이드(Thomas Francis Wade, 1818~1895)가 수집했던 조선시 대 전적, 런던대학 SOAS의 고소설 11종을 비롯하여 1920~30년대 간행된 한국학 자료들이 다 수 존재한다.

# 2. 조사 결과

본 조사단이 네 기관에서 확인한 결과를 소장처별 총 서목(書目), 소장처별 작품 서지와 해제 둘로 나누어 제시해 보기로 한다.

먼저 제시하는 것은 소장처별 총 서목이다.

## 2.1. 소장처별 총 서목

### 2.1.1. 러시아 상트페테르부르크 국립대학 소장본

Kor1(KIV7). 지고地攷

Kor2(KIV4). 국민소학독본國民小學讀本

Kor3(xyl.1850). 조선역사朝鮮歷史

Kor4(KIV2). 조선지지朝鮮地誌

Kor5(KIV3). 천로역정天路歷程

Kor6. 맹자언해孟子諺解

Kor7. 군대내무서

Kor8(F128). 오륜행실도五倫行實圖

Kor9(F128). 오륜행실도五倫行實圖

Kor10(xyl.1858). 태상감응편도설太上感應篇圖說

Kor12. 개국오백사년팔월사변보고서
　　　開國五百四年八月事變報告書

Kor13(xyl.1852). 천자문千字文

Kor14(xyl.1851). 전운옥편全韻玉篇

Kor15(xyl.1857). 설인귀전

Kor16(xyl.1853). 토생전

Kor17(xyl.1854). 삼국지

Kor17(xyl.2551). 숙영낭자전

Kor19(xyl.1879). 몽옥쌍봉연

xyl.1587. 동국사략東國史略

xyl.1829. 동국사략東國史略

xyl.1830. 대조선국전도大朝鮮國全圖

xyl.1855(F111). 신편고금사문유취新編古今事文類聚

xyl.1859. 통문관지通文館志

xyl.1860. 여사제강麗史提綱

xyl.1862. 대명률강해大明律講解

xyl.1863. 성세예경해의醒世隸經解義

xyl.1864a. 증수무원록대전增修無寃錄大全

xyl.1865. 증수무원록대전增修無寃錄大全

xyl.1865. 증수무원록언해增修無寃錄諺解

xyl.1865. 진찬의궤進饌儀軌

xyl.1866. 고려명신전高麗名臣傳

xyl.1867. 동문선東文選

xyl.1869. 고려사高麗史

xyl.1869a. 고려사高麗史

xyl.1870. 연려실기술별집燃藜室記述別集

xyl.1871. 난초爛抄

xyl.1871a. 난초爛抄

xyl.1872. 육전조례六典條例

xyl.1872a. 육전조례六典條例

xyl.1874. 동현주의東賢奏議

xyl.1875. 전율통보典律通補

xyl.1876. 숙묘보감肅廟寶鑑

xyl.1879. 소화외사小華外史

xyl.1880. 송경지松京誌

xyl.1881. 주찰籌撮

xyl.1882. 문원보불文苑黼黻

xyl.1883. 박통사신석언해朴通事新釋諺解

xyl.1884. 정기록正氣錄

xyl.1885. 중간노걸대重刊老乞大

xyl.1886. 중간노걸대重刊老乞大

xyl.1887. 어정홍익정공주고御定洪翼靖公奏藁

xyl.1887. 평양지平壤志

xyl.1888. 어제동국문헌비고御製東國文獻備考

xyl.1888a. 동국문헌비고東國文獻備考

xyl.1889. 어정흠휼전칙御定欽恤典則

xyl.1890. 어제계주윤음御製戒酒綸音

xyl.1891. 대동야승大東野乘

xyl.1892. 기묘록보유己卯錄補遺

xyl.1893. 수서잡지脩書雜識

xyl.1894. 대동패림大東稗林

xyl.1895. 술이述而

xyl.1896. 연려실기술燃藜室記述

xyl.1897. 제중신편濟衆新編

xyl.1898. 사요취선史要聚選

xyl.1900. 사정고四政攷

xyl.1901. 경악전서신방팔진景岳全書新方八陳

xyl.1902. 동국문헌록東國文獻錄

xyl.1903. 조두록俎豆錄

xyl.1945. 동몽선습童蒙先習

xyl.2015. 천자문千字文

xyl.2016. 유합類合

xyl.2552. 계몽편언해啓蒙篇諺解

xyl.2553. 천자문千字文

xyl.2660. 고금역대표제주석십구사략통고
古今歷代標題註釋十九史略通攷

xyl.F-114. 국조보감國朝寶鑑

xyl.F-115. 속사략익전續史略翼箋

xyl.F-116. 해동명장전海東名將傳

xyl.F-117. 갱장록羹墻錄

xyl.F-119. 대전회통大典會通

xyl.F-121. 편주의학입문내집編註醫學入門內集

xyl.F-123. 사례찬설四禮纂說

xyl.F-126. 이충무공전서李忠武公全書

xyl.F-127. 서운관지書雲觀志

xyl.F-132. 원행을묘정리의궤園幸乙卯整理儀軌

*다른 책임에도 불구하고, 청구기호가 동일한 몇 종의 책이 있다. 이것은 모두 러시아 상트페테르부르크 국립대학에서 붙여놓은 것임을 밝힌다.

## 2.1.2. 러시아 상트페테르부르크 동방학연구소 소장본

A1. 상례초언해喪禮抄諺解

A2. 주공해몽서周公解夢書

A5. 예수성교전서

A6. 일기日記

A7. 서간書簡

B2-Ⅰ(1) 숙영낭자전

B2-Ⅰ(2) 소대성전

B2-Ⅰ(3) 조웅전

B2-Ⅰ(4) 심청전

B2-Ⅰ(5) 금방울전

B2-Ⅱ(1) 임장군전

B2-Ⅱ(2) 적성의전

B2-Ⅱ(3) 장풍운전

B2-Ⅲ(1) 계몽편언해

B2-Ⅲ(2) 언간독

B2-Ⅲ(3) 구운몽

B2-Ⅲ(4) 진대방전

B2-Ⅲ(5) 내훈제사

B2-Ⅲ(6) 용문전

B2-Ⅳ(1) 양풍전

B2-Ⅳ(2) 백학선전

B2-Ⅳ(3) 남훈태평가

B2-Ⅳ(4) 숙향전

B25. 설인귀전

B2-Ⅴ(1) 임진록

B2-Ⅴ(2) 설인귀전

B2-Ⅴ(3) 장화홍련전

B2-Ⅵ(1) 유합

B2-Ⅵ(2) 흥부전

B2-Ⅵ(3) 춘향전

B2-Ⅵ(4) 당태종전

B2-Ⅵ(5) 옥주호연

B2-Ⅶ(1) 신미록

B2-Ⅶ(2) 삼설기

B2-Ⅶ(3) 삼설기

B2-Ⅶ(4) 삼국지

B3. 최충전

B4. Manual of Korea

B5. 규합총서閨閤叢書

B26. 무제無題

B27. 소대성전

B28. 기사記事

B29. 흠흠신서欽欽新書

B30. 기년편람紀年便覽

B34. 설원雪冤

C1. 황강문답黃江問答

C2. 쌍천기봉

C3. 지경영험전持經靈驗傳

C4. 동유기

C5. 무제無題

C6. 강화講話

C7. 화어유초華語類抄

C8. 명의록언해明義錄諺解

C9. 어제계주윤음御製戒酒綸音

C10. 별숙향전

C11. 백련초해百聯抄解

C12. 이언易言

C13. Corean Tales

C14. 이언易言

C15. 수사유문

C16. 교린수지交隣須知

C17. 보은기우록

D39. 맹자집주대전孟子集註大全

D40(760). 대명률강해大明律講解

D42(F69). 선원계보기략璿源系譜紀略

D42(F69). 선원세계璿源世系

D43(F69). 선원계보기략璿源系譜紀略

D44. 해동사海東史

D45(F67). 남한일기南漢日記

D46(E594). 전운옥편全韻玉篇

D47(F81). 이충무공전서李忠武公全書

D48(F62). 관서빈흥록關西賓興錄

D49(F88). 일재선생집一齋先生集

D49a. 일재선생속집一齋先生續集

D50. 임장세고林庄世稿

D51(F90). 절곡선생유적節谷先生遺蹟

D52(F75). 점필재집佔畢齋集

D53(F79). 서애집西厓集

D54(F71). 퇴계선생문집退溪先生文集

D55(E592). 매산선생문집梅山先生文集

D56(E593). 규재유고圭齋遺藁

D57(F85). 한음선생문고부록漢陰先生文稿附錄

D58(F73). 지수재집知守齋集

D59(F77). 풍고집楓皐集

D60(F72). 백사선생집白沙先生集

D61(F86). 속사략익전續史略翼箋

D62(F84). 사마온공경진계고록司馬溫公經進稽古錄

D63(F84). 자치통감강목資治通鑑綱目

D64. 주서백선朱書百選

D65(F76). 이정전서二程全書

D66(F80). 예서차기禮書箚記

D67(G58). 진찬의궤進饌儀軌

D68(F64). 신간의례도해新刊儀禮圖解

D69(F65). 의례도儀禮圖

D70(F60). 의례방통도儀禮旁通圖

D71(F70). 어정대학유의御定大學類義

D72(G4). 서전대전書傳大全

D73(F10). 고금역대표제주석십구사략통고
古今歷代標題註釋十九史略通攷

D74. 오륜가五倫歌

D75. 유합類合

D76. 조야집요朝野輯要

D77(E33). 조아육로통상장정朝俄陸路通商章程

D78. 동래읍지東萊邑誌

D79. 진신안搢紳案

D80. 이계유집초耳溪遺集鈔

D81. 차자등록箚子謄錄

D82. 소대성전

D83. 진대방전

D84. 장경전

D85. 심청전

D86. 삼설기

D87. 홍길동전

D88. 조웅전

D89. 흥부전

D90. 양풍전

D91. 적성의전

D92. 논어언해論語諺解

D93. 대학언해大學諺解

D94. 오륜행실도五倫行實圖

D95. 전운옥편全韻玉篇

D96. 어정규장전운御定奎章全韻

D97. 서간書簡

D98. 대한광무이년세차무술명시력
大韓光武二年歲次戊戌明時曆

E1. 시위대건양이년돈문서

E634. 도정절집陶靖節集

F121. 진찬의궤進饌儀軌

G93. 원행을묘정리의궤園幸乙卯整理儀軌

H38. 삼한세가三韓世家

H41. 기년아람紀年兒覽

K17. 동국지도東國地圖

K18. 남성지南城誌

K293. 소대성전

K34. 조선어독본朝鮮語讀本

K36. 옥루몽

M2. 초기등록草記謄錄

## 2.1.3. 영국 케임브리지대학 도서관 소장본

FB 663.1. 전등신화구해剪燈新話句解

FB 741.18. 역경금문고통론易經今文考通論

FC 248.1-5. 동국통감東國通鑑

FC 248.27/28. 고려명신전高麗名臣傳

FC 248.7-26. 고려사高麗史

FC 465 16. 어정규장전운御定奎章全韻

FC 731.136. 삼경사서정문三經四書正文

FE 264.9. 조웅전

FE 290.10. 천주성교예규

FE 290.11-1. 천주성교공과

FE 290.11-2. 천주성교공과

FE 290.14. 성경직해

FE 290.15. 성경직해

FE 290.16. 성경직해

FE 290.17-1. 성경문답

FE 290.17-2. 장자노인론

FE 290.17-3. 파혹진선론

FE 290.17-4. 병인사주病人事主

FE 290.17-5. 성교촬리

FE 290.17-6. 속죄지법

FE 290.17-7. 성경문답聖經問答

FE 290.17-8. 구세진전

FE 290.17-9. 구세진주

FE 290.17-10. 구세론

FE 290.18. 주년첨례광익

FE 290.19. 주년첨례광익

FE 290.21-1. 인가귀도

FE 290.21-1. 장원량우상론

FE 290.21-2. 인가귀도

FE 290.21-2. 장원량우상론

FE 290.21-3. 인가귀도

FE 290.21-3. 장원량우상론張遠兩友相論

FE 290.21-4. 신약전서

FE 290.21-4. 천로지귀天路指歸

FE 290.21-5. 주일지키는 론

FE 290.21-5. 천주성교공과

FE 290.21-6. 훈아진언

FE 290.21-7. 훈아진언

FE 290.22-1. 파혹진선론

FE 290.22-2. 복음요사

FE 290.22-3. 샛별전

FE 290.22-4. 시세성례문施洗聖禮文

FE 290.22-5. 성교촬리

FE 290.22-6. 성경문답聖經問答

FE 290.22-7. 성경문답

FE 290.22-7. 성경문답

FE 290.23-1. 아모권면

FE 290.23-2. 제세론

FE 290.23-3. 조대과早大課

FE 290.23-4. 천주도문天主禱文

FE 290.23-5. 성체혈예의聖體血禮儀

FE 290.23-6. 만대과晩大課

FE 290.23-7. 망세문답望洗問答

FE 290.23-8. 주교요지

FE 290.24-1. 래취예수來就耶蘇

FE 290.24-1. 구세론

FE 290.24-2. 구세론

FE 290.24-4. 구세진전

FE 290.24-5. 구세진주

FE 290.24-6. 구세진전

FE 290.6-1. 구약촬요舊約撮要

FE 290.6-2. 구약촬요舊約撮要

FE 290.7. 성교리증聖教理證

FJ 24.4(1). 어학급자서부語學及字書附

FJ 24.4(6). 조선판서적목록朝鮮版書籍目錄

FJ 24.7. Catalogue of W.G. Aston's Collection of
　　　　Japanese Books

FJ 24.9. 장서목록藏書目錄

FJ 391.19. 조선통교총론朝鮮通交總論

FK 211.16. 조선팔도지도朝鮮八道之圖

FK 211.19. 조선국전도朝鮮國全圖

FK 219.1. 조선관안朝鮮官案

FK 220.11. 상원제어象院題語

FK 220-1. 주해천자문註解千字文

FK 220-10. 계몽편언해啓蒙篇諺解

FK 225.1. 삼한기략三韓紀略

FK 245.6(1). Korean Teniwoha

FK 245.6(2). 일본어조선어대역편
　　　　日本語ト朝鮮語ト對譯編

FK 247.2. 전운옥편全韻玉篇

FK 247.3. 어정규장전운御定奎章全韻

FK 247.5. 조선명성자림朝鮮名姓字林

FK 250.1. 정정교린수지訂正交隣須知

FK 287.1. 오륜행실도五倫行實圖

FK 287.2. 오륜행실도五倫行實圖

FK 290.1. 조만민광照萬民光

FK 300.6. 천로역정

## 2.1.4. 영국 런던대학 SOAS 소장본

CD 225.12246. 신약전서新約全書

CD 264.604104. 주일예배경

CD 403.122593. 한일선신옥편漢日鮮新玉篇

CD 403.122878. 신자전新字典

CD 405.122893. 조선어문경위朝鮮語文經緯

CD 813.122896-1. 언토삼국지諺吐三國誌

CD 813.122896-2. 언토삼국지諺吐三國誌

CD 813.122896-3. 언토삼국지諺吐三國誌

CD 813.122896-4. 언토삼국지諺吐三國誌

CD 813.122896-5. 언토삼국지諺吐三國誌

CD 932.122693. 삼국사기三國史記

CD 93422678-1. 증보대동기년增補大東紀年

CD 93422678-2. 증보대동기년增補大東紀年

EF CD 291.673426. 경신록언석敬信錄諺釋

EF CD 349.42345. 대전회통大典會通

EF CD 370. 국민소학독본國民小學讀本

EF CD 371. 교정전운옥편校訂全韻玉篇

EF CD 403.1/71746. 교정전운옥편校訂全韻玉篇

# 2.2. 작품별 서지 및 해제

작품별 서지와 해제는 <예시>와 같은 방법으로 작성하였다.

<예시>

## xyl.1894. 대동패림 大東稗林

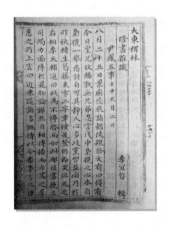

大東稗林 / 沈魯崇(朝鮮) 編. --筆寫本. -- [發行地不明] :
[沈魯崇], [發行年不明]
6冊(零本) ; 27.2 × 18.2 cm

印文 : 孝田堂藏書, 青松沈魯崇印

조선 후기 학자이자 문신이었던 심노숭(沈魯崇, 1762~1837)에
의하여 편찬된 야사집(野史集)이다. 일본 세이카도문고[靜嘉堂
文庫], 조윤제 소장본만이 알려졌었는데, 러시아 국립대학에도
이 자료가 존재함이 새로 확인되었다. 러시아 국립대학본은 장
서인(藏書印)을 통해서 편찬자인 심노숭이 소장했던 본임을 알
수 있다.

2.2.1.

# 러시아 상트페테르부르크 국립대학의 전적

**1**

## xyl.1869.　**고려사** 高麗史

高麗史 / 鄭麟趾(朝鮮) 等撰. ――木板本(後刷). ―― [發行地不明]:[發行處不明], [光海君 5(1613)]

137卷81冊:四周單邊 半郭 20.7 × 14.9 cm, 有界, 9行17字, 內向3葉花紋魚尾;29.2 × 18.5 cm

卷首:景泰二(1451)八月二十五日…鄭麟趾 等上箋

卷末:修史官…鄭麟趾[等諸臣銜名]

印文:碩卿, 朗善公子之章

조선 초기에 왕명(王命)에 의하여 만들어진 고려시대 역사서이다. 정인지(鄭麟趾, 1396~1478), 김종서(金宗瑞, 1382~1453) 등이 작업에 참여했고, 1451년 문종(文宗) 때 완성되었다. 러시아 국립대학본은 1613년 광해군(光海君) 때에 간행된 목판본이다.

**2**

## xyl.1869a.　**고려사** 高麗史

高麗史 / 鄭麟趾(朝鮮) 等撰. ――木板本(後刷). ―― [發行地不明]:[發行處不明], [光海君 5(1613)]

137卷67冊:四周單邊 半郭 21.1 × 14.7 cm, 有界, 9行17字, 內向3葉花紋魚尾;30.5 × 20.3 cm

卷首:景泰二(1451)八月二十五日…鄭麟趾 等上箋

卷末:修史官…鄭麟趾[等諸臣銜名]

印文:碩卿, 朗善公子之章

xyl.1869. 고려사와 동일한 자료이다. 다만 결질(缺帙)인 부분은 필사해서 보충했다.

## xyl.1860. **여사제강** 麗史提綱

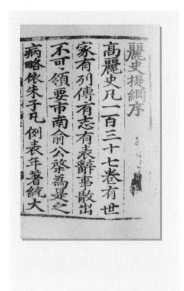

麗史提綱 / 俞棨(朝鮮) 撰. 木板本. [發行地不明]: [發行處不明], [發行年不明]

23卷13册: 四周雙邊 半郭 23.8 × 17.3 cm, 有界, 5行12字, 上下2葉花紋魚尾; 33.2 × 21.5 cm

序: 崇禎丁未(1667)…宋時烈

조선 중기 문신이자 학자였던 유계(俞棨, 1607~1664)가 만든 역사서로 고려시대 전반을 다루고 있다. 1667년 현종(顯宗) 때 완성된 것으로, <고려사>에 불만을 느낀 저자가 단점을 시정하고 보완하고자 편찬하였다.

## xyl.F-114. **국조보감** 國朝寶鑑

國朝寶鑑 / 正祖(朝鮮) 命纂; 蔡濟恭(朝鮮)…等奉命纂輯. 金屬活字本(丁酉字). [發行地不明]: [發行處不明], [正祖 6(1782)]

68卷22册: 四周雙邊 半郭 25.0 × 17.1 cm, 有界, 10行18字, 內向2葉花紋魚尾; 31.4 × 20.8 cm

跋: 上之六(壬寅, 1782) 仲夏崇禎…臣金鍾秀(1728~1799)拜手稽首謹跋

<국조보감>은 조선시대 역대 국왕들의 주요 행적이나 업적만을 모은 역사서이다. 세종 때 간행이 논의된 뒤로, 1782년 정조(正祖) 때 완성되었다. 이후 1908년 순종(純宗), 헌종(憲宗), 철종(哲宗) 때의 내용이 더해져 간행되기도 하였다.

## 5

### xyl.1876. 숙묘보감 肅廟寶鑑

肅廟寶鑑 / 尹淳(朝鮮) 等. ‐‐金屬活字本(戊申字). ‐‐ [發行地不明] : [發行處不明], [英祖 6(1730)]

13卷6册 : 四周雙邊 半郭 25.7 × 17.2 cm, 有界, 10行18字, 上下3葉 花紋魚尾 ; 35.0 × 22.0 cm

進箋 : 上之六年庚戌(1730)...李德壽

<숙묘보감>은 숙종(肅宗) 때의 사적만을 편찬한 역사서이다. <국조 보감>의 한 부분으로, 1730년 영조(英祖) 때에 간행되었다.

## 6

### xyl.1829. 동국사략 東國史略

東國史略 / 權近(朝鮮) 編. ‐‐金屬活字本(整理字). ‐‐ [發行地不明] : [發行處不明], [高宗 32(1895)]

6卷3册 : 四周單邊 半郭 22.6 × 15.5 cm, 有界, 10行19字, 上黑魚尾 ; 31.0 × 20.5 cm

識 : 開國五百四年乙未(1895)梧秋高麗朴永斗識

<동국사략>은 고조선부터 통일신라시대까지의 역사를 기술한 책이 다. 1403년 태종(太宗) 때 완성된 것으로, 권근(權近, 1352~1409), 하 륜(河崙, 1347~1416), 이첨(李詹, 1345~1405) 등이 편찬에 참여했다.

## xyl.1587. **동국사략** 東國史略

東國史略 / 權近(朝鮮) 編. ――金屬活字本(整理字). ―― [發行地不明] : [發行處不明], [高宗 32(1895)]
6卷4冊 : 四周單邊 半郭 22.6 × 15.5 cm, 有界, 10行19字, 上黑魚尾 ; 31.0 × 20.5 cm

識 : 開國五百四年乙未(1895)梧秋高麗朴永斗識

xyl.1829.와 동일한 자료이다. 소장 기관에서 동일한 자료를 두 질 구매했다.

## xyl.1866. **고려명신전** 高麗名臣傳

高麗名臣傳 / 南公轍(朝鮮) 編. ――金屬活字本(全史字). ―― [發行地不明] : [發行處不明], [純祖 22(1822)]
12卷6冊 : 四周單邊 半郭 21.7 × 15.1 cm, 有界, 10行20字, 上黑魚尾 ; 32.6 × 21.3 cm

序 : 上之二十二年壬午(1822)…南公轍

<고려명신전>은 고려시대 명신(名臣), 학자, 충신, 효자 등의 행적을 기술한 책이다. 1822년 남공철(南公轍, 1760~1840)에 의하여 간행되었다.

## xyl.F-116. 해동명장전 海東名將傳

海東名將傳 / 洪良浩(朝鮮) 編. 木活字本. [發行地不明] : [發行處不明], [純祖 16(1816)]
6卷3册 : 四周單邊 半郭 22.6 × 15.0 cm, 有界, 10行20字, 上黑魚尾 ; 32.3 × 19.5 cm

序 : 甲寅(1794) 仲春耳溪洪良浩(1724~1802)序
刊記 : 丙子(1816) 新刊

조선 후기의 문신 홍양호(洪良浩, 1724~1802)가 우리나라의 명장(名將)들을 선별하여 전기로 엮은 책이다. 본서는 1816년에 간행한 목활자본이다.

## xyl.F-115. 속사략익전 續史略翼箋

續史略翼箋 / 洪奭周(朝鮮) 編. 木板本. [發行地不明] : [發行處不明], [哲宗 8(1857)]
21卷6册 : 四周雙邊 半郭 22.0 × 16.8 cm, 有界, 11行24字, 上下向2葉花紋魚尾 ; 33.0 × 21.2 cm

序 : 崇禎紀元後四丙辰(1856)仲冬大匡輔國崇祿大夫...楊州趙斗淳序
序 : 崇禎紀元后四辛巳(1821)孟秋弟吉周敬撰
跋 : 崇禎紀元後四丁巳(1857)仲夏朝鮮陪臣申錫愚

중국 명나라 294년간의 역사를 왕조별로 알기 쉽게 정리하고, 어려운 부분에는 따로 해설을 붙인 책이다. 1857년 철종 때, 홍인모(洪仁謨, 1755~1812), 홍석주(洪奭周, 1774~1842), 홍길주(洪吉周, 1786~1841)에 의하여 간행되었다.

## xyl.1898. **사요취선** 史要聚選

史要聚選 / 權以生(朝鮮) 編. ─ ─木板本. ─ ─ [發行地不明] : [由洞], [丙辰(1856)]

9卷4冊 : 四周單邊 半郭 18.7 × 13.6 cm, 有界, 11行30字, 上下2葉花紋魚尾 ; 25.7 × 16.8 cm

刊記 : 丙辰(1856)季冬由洞新刊

중국 상고시대부터 명나라 영명왕(永明王)까지의 역사를 알기 쉽게 정리한 책이다. 1649년 인조(仁祖) 때 학자였던 권이생(權以生, 생몰년 미상)에 의하여 간행되었다. 이 책은 널리 유행하여 방각본으로도 만들어졌는데, 이 자료가 바로 1856년 유동(由洞) 방각소에서 만들어진 것이다.

## xyl.2660. **고금역대표제주석십구사략통고** 古今歷代標題註釋十九史略通攷

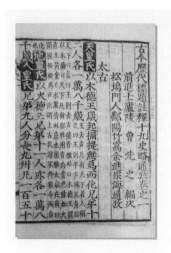

古今歷代標題註釋十九史略通攷 / 曾先之(元) 編次 ; 余准(明) 通攷 ; 鄭昌順(朝鮮) 編. ─ ─木板本. ─ ─ [發行地不明] : [發行處不明], [發行年不明]

1卷1冊 : 四周單邊 半郭 22.5 × 16.7 cm, 有界, 11行20字, 上下2葉花紋魚尾 ; 30.5 × 19.7 cm

중국 고대로부터 송나라까지의 중국 역사를 알기 쉽게 정리한 책이다. 원나라 증선지(曾先之)가 처음 편찬한 뒤로 원사(元史)를 추가하여 <십구사략>이 만들어졌다. 이 책은 <십구사략>의 어려운 부분에 주석을 달고 알기 쉽게 설명한 것이다.

## xyl.1896. **연려실기술** 燃藜室記述

燃藜室記述 / 李肯翊(朝鮮) 著. --筆寫本. -- [發行地不明] : [發行處不明], [發行年不明]
33卷20冊 ; 26.5 × 17.1 cm

조선시대 정치, 경제, 사회, 문화를 망라한 백과사전적인 책이다. 조선 후기 실학자인 이긍익(李肯翊, 1736~1806)이 저술했다고 전하는데, 정확한 편찬 연도는 알 수가 없고 1776년 영조 연간에 만들어졌다고만 전할 뿐이다.

## xyl.1870. **연려실기술별집** 燃藜室記述別集

燃藜室記述別集 / 李肯翊(朝鮮) 著. --筆寫本. -- [發行地不明] : [發行處不明], [發行年不明]
17卷17冊 ; 19.8 × 13.4 cm

表題 : 燃藜別集

<연려실기술>에서 국조(國朝), 사전(祀典), 사대(事大), 관직, 정교(政教), 문예, 천문, 지리, 대외관계, 역대 고전 등의 부문만을 별도로 뽑아내어 별집으로 만든 것이다.

## xyl.1892. **기묘록보유** 己卯錄補遺

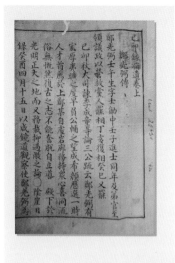

己卯錄補遺 / 安璐(朝鮮) 編. --筆寫本. -- [發行地不明]: [發行處不明], [發行年不明]
2卷2冊; 31.0 × 21.1 cm

---

기묘사화(己卯士禍)와 관련된 인물들의 사적을 모아 기록한 책이다. 원래 조선 중기 학자였던 김정국(金正國, 1485~1541)이 편찬했고 이후 안로(安璐, 1635~1698)가 보충하여 엮어 만들었다. 지금까지 <기묘록보유>는 국사편찬위원회와 국립중앙도서관, 단 두 곳에만 소장되어 있다고 알려져 왔다. 러시아 국립대학 소장본은 또 하나의 이본(異本)으로서 그 자료적인 가치가 높다.

## xyl.1891. **대동야승** 大東野乘

大東野乘 / --筆寫本. -- [發行地不明]: [發行處不明], [發行年不明]
72卷72冊; 29.2 × 19.2 cm

---

印文: 樂捷高美, 金東○印

조선시대 태조(太祖) 때부터 인조(仁祖) 때까지의 야사(野史), 일화(逸話), 소화(笑話), 만록(漫錄), 수필(隨筆) 등을 모아 놓은 책이다. 이 책을 엮은 이가 누구인지는 현재로서는 알 수가 없다. 지금까지 <대동야승>은 서울대 규장각과 일본에만 소장되어 있다고 알려져 왔다. 러시아 국립대학 소장본은 또 하나의 이본(異本)으로서 그 자료적인 가치가 높다.

## xyl.1872. **육전조례** 六典條例

六典條例 / 高宗(朝鮮) 命編. --木活字本. -- [發行地不明] : [發行處不明], [高宗 3(1866)]
10卷10册 : 四周單邊 半郭 21.8 × 13.9 cm, 有界, 10行20字, 上黑魚尾 ; 29.7 × 20.0 cm

---

序 : 上之三(1866)...洪鍾序謹序 附 內賜記

조선시대 각 관청에서 사무 처리에 필요한 행정 법규와 사례를 모은 법전이다. 1866년 고종 재위 기간에 완성하였고, 다음 해인 1867년 5월에 인쇄하여 반포하였다

## xyl.1872a. **육전조례** 六典條例

六典條例 / 高宗(朝鮮) 命編. --木活字本. -- [發行地不明] : [發行處不明], [高宗 3(1866)]
10卷10册 : 四周單邊 半郭 21.8 × 13.9 cm, 有界, 10行20字, 上黑魚尾 ; 29.7 × 20.0 cm

---

序 : 上之三(1866)...洪鍾序謹序 附 內賜記

xyl.1872.와 동일한 자료이다. <사진>은 이 책의 구입시기에 대한 것이다.

## xyl.1859. **통문관지** 通文館志

通文館志 / 金指南(朝鮮) 撰. --木板本. -- [發行地不明]：[發行處不明], [發行年不明]

12卷7冊：四周雙邊 半郭 24.3 × 17.5 cm, 有界, 10行18字, 上下2葉花紋魚尾；32.8 × 21.2 cm

序：庚子(1720)陽月日漢學敎授金慶門謹序

조선시대 사역원(司譯院)의 연원과 내력, 외국과의 외교 관계 수립 등의 전반의 내용을 수록한 책이다. 조선 숙종 때 역관이던 김지남(金指南, 1654~미상)이 편찬한 것으로 알려져 있다.

## xyl.1879. **소화외사** 小華外史

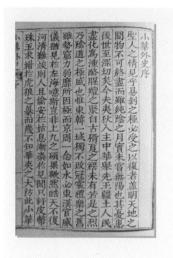

小華外史 / 吳慶元(朝鮮) 編；吳顯相(朝鮮) 重校. --木板本. -- [發行地不明]：[發行處不明], [高宗 5(1868)]

12卷6冊：四周雙邊 半郭 20.5 × 14.0 cm, 有界, 10行21字, 上2葉花紋魚尾；30.5 × 19.5 cm

序：崇禎紀元後四庚寅(1830)…吳熙常書
序：崇禎紀元後五戊辰(1868)…金炳學謹序
序：皇明永曆後四戊辰(1868)…尹定鉉謹書
序：崇禎紀元後五戊辰(1868)…金學性謹序
跋：不肖男[吳]顯相謹書

고려 말부터 순조(純祖) 때까지 중국과의 외교 관계와 관련된 주요 내용을 기록한 책이다.

21

## xyl.1902. 동국문헌록 東國文獻錄

東國文獻錄 / ――木板本. ―― [發行地不明] : [發行處不明], [發行年不明]
2冊 : 四周單邊 半郭 16.3 × 10.6 cm, 有界, 10行24字, 上2葉花紋魚
尾 ; 26.1 × 17.4 cm

신라시대부터 조선시대까지 우리나라의 주요 인물들의 자, 호, 출생년, 관직, 시호, 인척 관계, 학통 등을 기술해 놓은 책이다. 고종(高宗) 때 간행되었다고만 알려져 있을 뿐 이 책의 작자 및 편자에 대해서는 알 수가 없다.

22

## xyl.1881. 주찰 籌撮

籌撮 / ――筆寫本. ―― [發行地不明] : [發行處不明], [發行年不明]
33冊 : 四周單邊 半郭 24.5 × 17.2 cm, 有界, 12行26字, 上下內向2葉
花紋魚尾 ; 35.3 × 21.8 cm

정조 때 조정에서 논의된 사안들을 육조(六曹)로 분류하여 날짜순으로 기록해 놓은 책이다. 정조 당시 주요 관직을 지냈던 인물에 의하여 만들어졌던 것으로 보인다. 이 자료는 러시아 국립대학에서만 볼 수 있다. 다만 서울대 규장각에 이와 유사한 <주모록(籌謨錄)>이 있다. 그러나 분류 체계와 분량 면에서 <주찰>의 가치가 더 높다고 여겨진다.

## xyl.1900.  **사정고** 四政攷

四政攷 / --筆寫本. -- [發行地不明] : [發行處不明], [發行年不明]
1冊 ; 32.5 × 21.3 cm

조선시대 전정(田政), 군정(軍政), 환곡(還穀), 잡역(雜役)의 4가지 부
세 운영에 대한 내용을 담은 책이다.

## Kor.7.  **군대내무서**

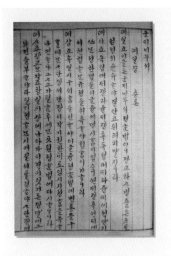

군디[대]닉[내]무셔[서] / 陸軍武官學校 編. --筆寫本. -- [發行地不
明] : [發行處不明], [1937]
1冊 ; 19.8 × 13.7 cm

대한제국 시기에 신식 군대의 군인들이 지켜야 할 내무 규칙 등을 기
록한 책이다. 원 책은 1900년 학부(學部)에서 연활자로 간행한 것이지
만 이 책은 이를 가져다가 필사한 것이다.

## xyl.F-119. 대전회통 大典會通

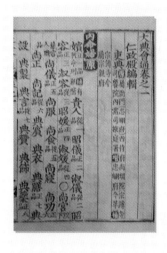

大典會通 / 趙斗淳(朝鮮) 編. --木板本. -- [發行地不明]:[發行處不明], [高宗 2(1865)]
6卷5冊：四周雙邊 半郭 23.3 × 17.4 cm, 有界, 10行20字, 上下2葉花紋魚尾；36.0 × 25.0 cm

卷首：英廟御製御筆
序：金炳學. 進大典會通箋：同治四(1865)…趙斗淳等. 經國大典序：成化五(1469)…徐居正. 進經國大典箋：成化五(1469)…崔恒等. 續大典序：元景夏. 進續大典箋：金在魯等. 正廟御製大典通編題辭. 大典通編序：李福源. 進大典通編箋：金致仁等
고종의 명에 의하여 만들어진 조선시대 법전이다. 1865년에 영의정 조두순(趙斗淳, 1796~1870), 좌의정 김병학(金炳學, 1821~1879) 등이 편찬하였다.

## xyl.1875. 전율통보 典律通補

典律通補 / 具允明(朝鮮) 編. --筆寫本. -- [發行地不明]:[發行處不明], [正祖 10(1786)]
7卷6冊；31.2 × 19.0 cm

跋：我聖上之九年 乙巳(1785) 九月日歲丙午(1786) 八月日輔國崇祿大夫行判中樞府事綾恩君臣具允明(1711~1797)奉敎謹跋

<대명률>, <경국대전>, <속대전>을 토대로, 위의 조문 중에서 법전에 실리지 않은 법령을 추가해서 만든 책이다. 1786년 정조 때 학자이자 문신이었던 구윤명(具允明, 1711~1797)이 편찬하였다고 한다.

## xyl.1862. 대명률강해 大明律講解

大明律講解 / 太宗(明) 命撰. --木板本. -- [大邱] : [嶺營], [哲宗 5(1854)]

30卷3冊 : 四周雙邊 半郭 21.2 × 16.6 cm, 有界, 10行17字 註雙行, 上下內向2葉花紋魚尾 ; 32.4 × 21.6 cm

---

刊記 : 甲寅(1854)仲冬嶺營新刊

表題 : 大明律

조선시대에 통용되었던 중국 명나라의 <대명률>을 해설한 책이다. <대명률>이 조선시대 현행법으로 사용됨에 따라서 이 책이 만들어졌고, 이후 율과초시(律科初試), 취재(取才)의 시험 과목으로 이 책이 사용되기도 하였다.

## xyl.1889. 어정흠휼전칙 御定欽恤典則

御定欽恤典則 / 正祖(朝鮮) 撰. --木板本. -- [發行地不明] : [中外藏板], [正祖 2(1778)]

1冊 : 四周雙邊 半郭 24.4 × 16.2 cm, 有界, 8行17字, 上下向2葉花紋魚尾 ; 34.5 × 21.8 cm

---

跋 : 上之元年丁酉(1777)…洪國榮

조선시대 죄수들에게 적용되었던 형구(刑具)의 공정성을 기하기 위하여 만들어진 책이다. 1778년 정조 재위 기간에 간행되었다고 한다.

## xyl.1890. 어제계주윤음 御製戒酒綸音

御製戒酒綸音 / 英祖(朝鮮) 撰. --筆寫本. -- [發行地不明] : [發行處不明], [英祖 33(1757)]
1册 ; 34.5 × 21.8 cm

국한문혼용본임

재상(宰相) 이하 모든 관원들에게 술을 금지하도록 한 임금의 말[綸音]을 기록한 책이다. 1757년 영조 때 간행된 책의 국한문혼용 필사본이다.

## xyl.1882. 문원보불 文苑黼黻

文苑黼黻 / 尊賢閣(朝鮮) 編. --金屬活字本(韓構字). -- [發行地不明] : [發行處不明], [正祖 11(1787)]
40卷22册 : 四周單邊 半郭 21.5 × 14.3 cm, 有界, 10行20字, 上下向2葉花紋魚尾 ; 29.9 × 19.9 cm

踐阼之十一年丁未(1787)...御製金種秀 奉敎書. 纂校[諸臣銜名]
原集末 : 李福源奉敎謹撰竝書

조선 초기부터 정조 때까지 홍문관과 예문각에서 작성되었던 공문서의 서식, 역대 왕조의 대외 정책을 정리한 책이다.

## xyl.1865. 증수무원록언해 增修無冤錄諺解

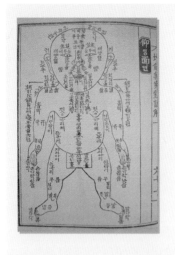

增修無冤錄諺解 / 王與(元) 原著 ; 具允明(朝鮮) 增修 ; 徐有隣(朝鮮) 飜諺. -- 木板本. -- [發行地不明] : [發行處不明], [正祖 21(1797)]
3卷2册 : 揷圖, 四周雙邊 半郭 21.6 × 13.8 cm, 有界, 10行20字, 上白魚尾 ; 32.0 × 20.2 cm

조선 후기 시체 검시와 관련된 내용을 담은 <증수무원록>을 한글로 번역한 책이다. <무원록>은 중국 원나라의 왕여(王與)가 만든 책을 1440년 세종 연간에 간행하였고, 1748년 영조 때 다시 증보, 간행하였다.

## xyl.1865. 증수무원록대전 增修無冤錄大全

增修無冤錄大全 / 具宅奎(朝鮮) 增修 ; 具允明(朝鮮) 重訂. -- 金屬活字本(校書館印書體字). -- [發行地不明] : [發行處不明], [正祖 20(1796)]
2卷1册 : 四周雙邊 半郭 21.5 × 14.0 cm, 有界, 10行20字, 上白魚尾 ; 32.0 × 20.2 cm

表題 : 增修無冤錄
印文 : 奎章之寶

조선 후기 시체 검시와 관련된 내용을 담은 책이다. 중국 원나라의 왕여가 만든 책을 1440년 세종 연간에 간행하였고 이후, 1748년 영조 때 구택규(具宅奎, 1693~1754), 구윤명(具允明, 1711~1797)이 왕명을 받아 증보하였다.

## xyl.1864a.  증수무원록대전 增修無冤錄大全

增修無冤錄大全 / 具宅奎(朝鮮) 增修. --木板本. -- [發行地不明] : [發行處不明], [正祖 20(1796)]
2卷1冊 : 四周單邊 半郭 21.5 × 14.0 cm, 有界, 10行20字, 上白魚尾 ; 32.0 × 20.2 cm

조선 후기 시체 검시와 관련된 내용을 담은 책이다. 중국 원나라의 왕여가 만든 책을 1440년 세종 연간에 간행하였고 이후, 1748년 영조 때 구택규, 구윤명이 왕명을 받아 증보하였다.

## Kor.12.  개국오백사년팔월사변보고서 開國五百四年八月事變報告書

開國五百四年八月事變報告書 / 高等裁判所 編. --新鉛活字本. -- [發行地不明] : [發行處不明], [建陽 1(1896)]
1冊 ; 23.5 × 15.8 cm

명성황후 시해 사건에 관하여 당시 고등법원에서 심문했던 조서이다. 1896년에 연활자본으로 국문으로 간행되었다. 고등재판소(高等裁判所)와 권재형(權在衡, 1872~1929)이 편찬했다고 적혀있다.

## xyl.F.132. 원행을묘정리의궤 園幸乙卯整理儀軌

園幸乙卯整理儀軌 / 正祖(朝鮮) 命編. -- 金屬活字本(整理字). -- [發行地不明] : [發行處不明], [正祖 19(1795)]

5卷4冊 : 揷圖, 四周雙邊 半郭 24.4 × 17.0 cm, 有界, 12行22字, 上黑魚尾 ; 37.4 × 23.7 cm

印文 : 弘文館

을묘년(1795), 정조가 아버지 사도세자의 능인 현륭원에 행차했을 때의 의례 절차를 기록한 책이다.

## xyl.1865. 진찬의궤 進饌儀軌

進饌儀軌 / -- 金屬活字本(再鑄整理字). -- [發行地不明] : [發行處不明], [高宗 24(1887)]

3卷3冊 : 揷圖, 四周雙邊 半郭 25.2 × 18.5 cm, 有界, 12行24字, 上下向黑魚尾 ; 35.7 × 23.7 cm

1887년 고종 재위 기간에 간행된 것으로 대왕대비 신정왕후 조씨(神貞王后趙氏, 1808~1890)의 80세의 생신을 기념하기 위해서 간행된 것이다.

## xyl.1903.  **조두록** 俎豆錄

俎豆錄 / 李萬運(朝鮮) 編. --木板本. -- [發行地不明] : [發行處不明], [發行年不明]
1冊 : 四周單邊 半郭 19.6 × 14.0 cm, 有界, 11行22字, 上黑魚尾 ; 26.0 × 17.4 cm

태묘(太廟), 문묘(文廟), 서원(書院), 사우(祠宇)에 배향된 선현(先賢)들의 이름, 자(字), 호(號), 본관(本貫), 관직(官職), 시호(諡號) 등을 기록한 책이다.

## xyl.F-123.  **사례찬설** 四禮纂說

四禮纂說 / 李爀(朝鮮) 著. --金屬活字本(全史字). -- [發行地不明] : [發行處不明], [高宗 4(1867)]
8卷4冊 ; 四周單邊 半郭 21.7 × 15.0 cm, 有界, 10行20字, 上白魚尾 ; 31.1 × 20.4 cm

주자(朱子)의 <가례>에 의거하여 통례(通禮), 관, 혼, 상, 제례(祭禮)에 대한 예설을 다룬 책이다. 조선 숙종 때의 문신이자 학자였던 이혁(李爀, 생몰년 미상)이 지었다고 하며, 1867년 고종 재위 기간에 다시 간행되었다.

## xyl.1895. **술이** 述而

述而 / --筆寫本. -- [發行地不明] : [發行處不明], [辛酉(1681)]
29冊 ; 23.5 × 15.4 cm

조정에서 있었던 일과를 기록한 책이다. 시작은 계축(癸丑) 7월이며, 마지막은 신유(辛酉)로 되어 있다. 작자, 편자는 분명하게 알 수 없지만 <승정원일기>처럼 조정에서 일어난 일과를 적고 있어서 관원으로 추정된다.

## xyl.1893. **수서잡지** 脩書雜識

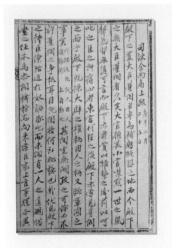

脩書雜識 / 李宜哲(朝鮮) 編. --筆寫本. -- [發行地不明] : [發行處不明], [發行年不明]
14冊 : 四周雙邊 半郭 17.0 × 11.0 cm, 有界, 10行21字, 上下向2葉花紋魚尾 ; 23.3 × 15.1 cm

조선 후기 야사집(野史集)이다. <대동패림>에 포함되어 있거나 단독으로 전한다. 작자나 편찬자는 분명히 알 수 없다. 다만 책들을 보면 이의철(李宜哲, 1703~1778)을 저자 및 편자로 표기한 경우가 많다.

## xyl.1887. **어정홍익정공주고** 御定洪翼靖公奏藁

御定洪翼靖公奏藁 / 洪鳳漢(朝鮮) 著 ; 正祖(朝鮮) 命編. ――金屬活字本(整理字). ―― [發行地不明] : [發行處不明], [發行年不明]
35卷18册 : 四周雙邊 半郭 23.2 × 15.8 cm, 有界, 10行20字, 上黑魚尾 ; 33.2 × 20.9 cm

卷首 : 正祖御製總敍

사도세자의 장인이었던 홍봉한(洪鳳漢, 1713~1778)이 관직으로 있었던 영조 대에 상소문과 계문, 이에 답한 영조의 글을 모은 책이다.

## xyl.1871. **난초** 爛抄

爛抄 / ――筆寫本. ―― [發行地不明] : [發行處不明], [發行年不明]
24卷12册 : 四周單邊 半郭 24.6 × 16.9 cm, 有界, 11行26字 註雙行, 上下2葉花紋魚尾 ; 33.5 × 21.4 cm

表題 : 爛抄
書根題 : 爛抄

조정에서 있었던 일과를 기록한 책이다. 경인년(庚寅年, 1800, 純祖1)부터 갑오년(甲午年, 1834, 純祖34)까지의 기사가 수록되어 있다. 작자, 편자는 분명하게 알 수 없지만 <승정원일기>처럼 조정에서 일어난 일과를 적고 있어서 관원으로 추정된다.

## xyl.1871a. **난초** 爛抄

爛抄 / －－筆寫本. －－ [發行地不明] : [發行處不明], [發行年不明]
24卷12册 : 四周雙邊 半郭 21.5 × 14.6 cm, 有界, 10行22字 註雙行,
上下向黑魚尾 ; 31.3 × 19.8 cm

表題 : 爛抄

xyl.1871.과 동일한 자료이다. 권1 경인년(1800, 純祖1)부터 권24 갑
오년(1834, 純祖34)까지의 기사(記事)가 수록되었다.

## xyl.1874. **동현주의** 東賢奏議

東賢奏議 / 李喜朝(朝鮮) 編. －－木板本. －－ [發行地不明] : [發行處不
明], [發行年不明]
19册(零本) : 四周雙邊 半郭 24.2 × 16.6 cm, 有界, 10行20字, 內向3
葉花紋魚尾 ; 34.4 × 22.0 cm

고려 말부터 조선 숙종 때까지 군덕(君德), 치도(治道)에 대한 당대 학
자들의 견해를 수록한 책이다. 숙종 때 문신이자 학자였던 이희조(李
喜朝, 1655~1724)가 편찬했다.

## xyl.1894. 대동패림 大東稗林

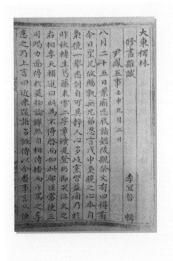

大東稗林 / 沈魯崇(朝鮮) 編. ――筆寫本. ―― [發行地不明] : [沈魯崇],
[發行年不明]
6冊(零本) ; 27.2 × 18.2 cm

印文 : 孝田堂藏書, 靑松沈魯崇印

조선 후기 학자이자 문신이었던 심노숭(沈魯崇, 1762~1837)에 의하여
편찬된 야사집(野史集)이다. 일본 세이카도문고(靜嘉堂文庫), 조윤제
(趙潤濟) 소장본만이 알려졌었는데, 러시아 국립대학에도 이 자료가
존재함이 새로 확인되었다. 러시아 국립대학본은 장서인(藏書印)을
통해서 편찬자인 심노숭이 소장했던 본임을 알 수 있다.

## Kor.8(F128). 오륜행실도 五倫行實圖

五倫行實圖 / 李秉模(朝鮮)...等奉命撰. ――木板本. ―― [發行地不明] :
[發行處不明], [哲宗 10(1859)]
5卷4冊 : 揷圖, 四周雙邊 半郭 22.0 × 14.0 cm, 有界, 10行20字, 上下
向黑魚尾 ; 31.5 × 19.0 cm

三綱行實圖原序 : 宣德七(1432)六月...權採奉敎序
三綱行實圖原跋 : 歲丙午(1726)春行...尹憲柱謹跋
五倫行實圖序 : 上之二十有一年丁巳(1797)...李晩秀奉敎謹序
五倫行實圖重刊序 : 上之十年己未(1859)冬十月...金炳學奉敎謹書
二倫行實圖原序 : 正德戊寅(1518)三月...晋川姜渾序

중국과 우리나라에서 효자, 충신, 열녀, 형제, 종족, 붕우, 사생(師生)
으로 뛰어난 인물을 모아 만든 교훈서이다.

## Kor.9(F128). 오륜행실도 五倫行實圖

五倫行實圖 / 李秉模(朝鮮)...等奉命撰. --木板本. -- [發行地不明] : [發行處不明], [哲宗 10(1859)]
5卷4冊 : 揷圖, 四周雙邊 半郭 22.0 × 14.0 cm, 有界, 10行20字, 上下向黑魚尾 ; 31.5 × 19.0 cm

三綱行實圖原序 : 宣德七(1432)六月...權採奉敎序
三綱行實圖原跋 : 歲丙午(1726)春行...尹憲柱謹跋
五倫行實圖序 : 上之二十有一年丁巳(1797)...李晩秀奉敎謹序
五倫行實圖重刊序 : 上之十年己未(1859)冬十月...金炳學奉敎謹書
二倫行實圖原序 : 正德戊寅(1518)三月...晉川姜渾序
印文 : 尹堉士印

Kor.8(F128).과 동일한 자료이다.

## Kor.6. 맹자언해 孟子諺解

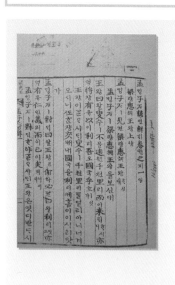

孟子諺解 / --木板本. -- [發行地不明] : [發行處不明], [發行年不明]
14卷7冊 : 四周單邊 半郭 21.0 × 15.1 cm, 有界, 12行24字, 上下向2葉花紋魚尾 ; 30.7 × 18.1 cm

<맹자(孟子)>에 토(吐)를 달고 우리말로 언해(諺解)한 책이다. <맹자언해>는 선조(宣祖)의 명에 따라 교정청에서 처음 간행된 뒤로, 여러 번 발행되었다. 이 책의 정확한 간행시기를 알 수는 없으나 후대에 간행된 방각본으로 보인다.

## Kor.10(xyl.1858).  태상감응편도설 太上感應篇圖說

太上感應篇圖說 / 高宗(朝鮮) 命編 ; 崔瑆煥(朝鮮) 編. ――木板本. ――
[發行地不明] : [發行處不明], [高宗 17(1880)]
5卷5册 : 揷圖, 四周單邊 半郭 23.0 × 17.0 cm, 有界, 12行22字, 上下
黑魚尾 ; 29.5 × 20.5 cm

卷首 : 太上感應篇序…王雲錦
序…佟賦偉, 朱作鼎
重刊序…舊刻戊申歲後四年壬子…崔瑆煥, 感應篇讀法纂要, 感應篇靈
驗記, 太上感應篇大文
刊記 : 光緖六年庚辰(1880)季春刊印
중국의 도교 경전인 <태상감응편도설>에 토(吐)를 달고 우리말로 언
해(諺解)한 책이다. 1852년 철종 때 학자였던 최성환(崔瑆煥, 생몰년
미상)이 왕명을 받아 편찬했다고 한다.

## Kor.5(K-Ⅳ 3).  천로역정 天路歷程

텬[쳔]로력[역]뎡[정] / 奇一(J.S. Gale 英國) 譯. ――木板本. ―― [元山 :
聖會], [高宗 31(1894)]
2册 : 揷圖, 四周雙邊 半郭 22.7 × 16.8 cm, 有界, 11行20字, 內向3葉
花紋魚尾 ; 28.8 × 19.8 cm

영국 작가 존 버니언(John Bunyan, 1628~1688)이 쓴 기독교 관련 서
적이다. 1888년 조선에 입국했던 선교사 게일(James Scarth Gale,
1863~1937)이 기독교 선교를 위하여 한글로 번역했고 이해를 돕기 위
해 김준근(金俊根, 생몰년 미상)이 삽화를 그렸다.

## xyl.1887. **평양지** 平壤志

平壤志 / 尹斗壽(朝鮮) 編. ――木板本. ―― [平壤] : [箕營], [哲宗 6(1855)]

9卷10冊 : 四周單邊 半郭 24.3 × 17.3 cm, 有界, 10行21字, 上黑魚尾 ; 34.2 × 22.2 cm

---

原志序 : 萬曆十八(1590)…尹斗壽
續志序 : 庚戌(1730)…宋寅明
刊記 : 續志末 ; 丁酉(1837)孟春箕營重刊. 後續志末 ; 乙卯(1855)孟秋 箕營重刊

---

평양의 강역(疆域), 연혁, 성지, 군명, 풍속, 형승, 산천, 누정(樓亭), 사묘(祠廟), 공서(公署), 창저(倉儲), 학교, 고적, 직역(職役), 병제, 역 체(驛遞), 교량, 토산물, 사우(寺宇), 호구(戶口), 역대 인물 등을 다룬 책이다.

## xyl.1880. **송경지** 松京誌

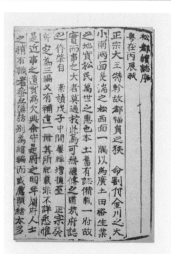

松京誌 / 金文淳(朝鮮) 編. ――木活字本. ―― [發行地不明] : [發行處不 明], [純祖 2(1802)]

6卷2冊 : 揷圖, 四周單邊 半郭 22.0 × 15.5 cm, 有界, 10行20行, 上下 內向細花紋魚尾 ; 31.0 × 23.0 cm

---

序 : 上之二年壬戌(1802)…金文淳

---

개성의 강역(疆域), 연혁, 성지, 군명, 풍속, 형승, 산천, 누정(樓亭), 사묘(祠廟), 공서(公署), 창저(倉儲), 학교, 고적, 직역(職役), 병제, 역 체(驛遞), 교량, 토산물, 사우(寺宇), 호구(戶口), 역대 인물 등을 다룬 책이다. <송경지>는 여러 번 증보판이 간행되었다. 이 책은 1802년 순조 때 송도 유수였던 김문순(金文淳, 1744~1811)이 편찬한 것이다.

## Kor.1(KIV7). **지고** 地攷

地攷 / --筆寫本. -- [發行地不明] : [發行處不明], [發行年不明]
1張 ; 108.2 × 72.5 cm

---

채색(彩色)본임

조선의 전체 강역(疆域)을 그린 지도책이다. 작자 및 편찬자, 간행 연대 미상의 자료이다.

## xyl.1830. **대조선국전도** 大朝鮮國全圖

大朝鮮國全圖 / --木板本. -- [發行地不明] : [發行處不明], [發行年不明]
1册(11帖) ; 30.8 × 21.0 cm

---

조선 전체의 강역, 한양, 경기도, 강원도, 황해도, 평안도, 충청도, 전라도, 경상도, 함경도를 그린 지도책이다. 작자 및 편찬자는 알 수 없고, 고종 연간에 간행되었던 것으로 추정된다. 울릉도 옆에 독도(獨島)를 분명하게 그려 조선의 영토임을 명확히 하고 있다.

## xyl.1901. 경악전서신방팔진 景岳全書新方八陳

景岳全書新方八陳 / 張介賓(明) 著. --筆寫本. -- [發行地不明] : [發行處不明], [發行年不明]

1册 ; 31.4 × 21.9 cm

---

중국 명대(明代)의 의원이었던 장개빈(張介賓)이 편찬한 의학책이다. 조선에 언제 전해졌는지 정확히 알 수 없다. 이 책은 <경악전서신방팔진>의 필사본으로, 필사자, 필사 시기 등은 미상이다.

## xyl.1897. 제중신편 濟衆新編

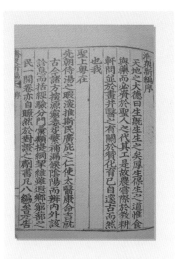

濟衆新編 / 康命吉(朝鮮) 奉敎撰. --木板本. -- [發行地不明] : [發行處不明], [正祖 23(1799)]

6卷4册(零本) : 四周雙邊 半郭 29.5 × 19.8 cm, 有界, 10行21字, 上2葉花紋魚尾 ; 23.2 × 16.9 cm

序 : 歲己未(1799)季秋…李秉模奉敎謹序
跋 : 己未(1799)四月 崇錄大夫行知中樞府事臣康命吉

조선 후기 대표적인 의학 관련 서적 중의 하나이다. 이 책은 1799년 정조의 명에 의하여 당시 내의원이었던 강명길(康命吉, 1737~1801)이 편찬하였다.

## xyl.F-121. 편주의학입문내집 編註醫學入門內集

編註醫學入門內集 / 李梴(明) 著. ――木板本. ―― [發行地不明] : [內局] : [庚辰(1820)]
19卷7冊 : 四周雙邊 半郭 23.7 × 17.8 cm, 有界, 10行19字, 上下向2葉花紋魚尾 ; 31.6 × 28.0 cm

---

引 : 萬曆乙亥(1575)
刊記 : 內局重校戊寅(1818)改刊
後 : 上之20年庚辰(1820)…金履喬謹識

중국 명대(明代)의 의원이었던 이천(李梴)이 편찬한 의학 입문 서적이다. 조선에 언제 전해졌는지 현재로서는 알 수 없다.

## xyl.1867. 동문선 東文選

東文選 / 徐居正(朝鮮) 等編. ――木板本. ―― [發行地不明] : [發行處不明], [發行年不明]
151卷51冊 : 四周雙邊 半郭 24.0 × 16.9 cm, 有界, 10行19字, 上下內向黑魚尾 ; 33.3 × 21.5 cm

신라시대 최치원(崔致遠, 857~미상)에서부터 조선 전기까지 500여 문인의 시문(詩文)을 선별한 시문선집이다. 1478년 성종(成宗)의 명에 의하여 서거정(徐居正, 1420~1488) 등이 중심이 되어 편집, 간행하였다.

## xyl.F-126. 이충무공전서 李忠武公全書

李忠武公全書 / 李舜臣(朝鮮) 著. --木板本. -- [發行地不明] : [發行
處不明], [發行年不明]
14卷7册(零本) : 四周單邊 半郭 25.2 × 17.0 cm, 有界, 10行18字, 上
下向2葉花紋魚尾 ; 34.0 × 21.3 cm

충무공(忠武公) 이순신(李舜臣, 1545~1598)의 유고전집(遺稿全集)이
다. 1795년 정조의 명에 의하여 유득공(柳得恭, 1749~미상) 등이 중심
이 되어 편집, 간행하였다.

## xyl.F-117. 갱장록 羹墻錄

羹墻錄 / 李福源(朝鮮) 等編. --木板本. -- [發行地不明] : [外閣], [丙
午(1846)跋]
8卷4册 : 四周單邊 半郭 25.1 × 17.1 cm, 有界, 10行18字 註雙行, 上
下向2葉花紋魚尾 ; 34.0 × 21.9 cm

跋 : 丙午(1846)編纂
跋 : 上之十(正祖 10, 1786)四月日...李福源謹上箋
印文 : 奎章之寶

1786년 규장각 관원인 이복원(李福源) 등 10명이 왕명을 받아 열성조
(列聖朝) 19대의 업적을 서술한 책이다. 현재 국내 여러 기관이나 대
학도서관에 소장되어 있다.

## Kor15(xyl.1857). **설인귀전**

셜[셜]인귀젼[전] / −−木板本. −− [漢陽] : [경셩], [發行年不明]
1冊(40張) ; 24.2 × 18.7 cm

---

京板本
刊記 : 경셩개간

작자 미상의 고소설로 영웅−군담소설로 분류되는 작품이다. 전체 40
장본으로 경셩개간이라는 간기가 있다.

## Kor16(xyl.1853). **토생전**

토싱[생]젼[전] / −−木板本. −− [漢陽] : [由洞], [戊申]
1冊(16張) ; 22.7 × 17.8 cm

---

京板本
刊記 : 戊申十一月日由洞新刊

작자 미상의 고소설로 우화소설로 분류되는 작품이다. 전체 16장본이
다.

63

## Kor17(xyl.2551). 숙영낭자전

숙[숙]영낭ᄌ[자]젼[전] / -- 木板本. -- [漢陽] : [發行處不明], [發行年不明]
1冊(16張) ; 19.7 × 15.6 cm

---

京板本

작자 미상의 고소설로 애정전기소설로 분류되는 작품이다. 전체 16장본이며 간기는 없다.

64

## Kor17(xyl.1854). 삼국지

삼국지 / -- 木板本. -- [漢陽] : [美洞], [發行年不明]
1冊(20張) : 19.7 × 15.8 cm

---

京板本
刊記 : 美洞新刊
권3

중국소설 <삼국지연의>를 번역하여 방각본으로 간행한 것이다. 전체 20장본이다.

58

## Kor19(xyl.1879). 몽옥쌍봉연

몽옥땅[쌍]봉연 / ――筆寫本. ―― [發行地不明]：[發行處不明], [發行年不明]

4卷4册；30.5 × 18.6 cm

---

印文：張昌○信

작자 미상의 고소설로 <몽옥쌍봉>과 동궤의 작품이다. 전체 4권 4책이며, 필사자, 필사시기 등은 알 수 없다.

## xyl.1888. 어제동국문헌비고 御製東國文獻備考

御製東國文獻備考 / 英祖(朝鮮) 命編. ――金屬活字本(芸閣印書體字). ―― [發行地不明]：[發行處不明], [英祖 46(1770)]

100卷35册(零本)：四周雙邊 半郭 22.5 × 13.7 cm, 有界, 10行20字, 上2葉花紋魚尾；30.2 × 18.6 cm

卷首：御製序…歲庚寅(1770)卽阼四十六年… 徐命膺奉敎謹書
御製後序…庚寅(1770)徐命膺 奉敎謹書. 乾隆三十五年…金致仁進箋
表題：文獻備考

중국의 <문헌통고(文獻通考)>를 본 떠 우리나라의 역대 문물제도를 다룬 백과사전식 저술이다. 1769년 영조의 명에 의하여 김치인(金致仁, 1716~1790) 등이 중심이 되어 1770년에 간행하였다.

## xyl.1888a. 동국문헌비고 東國文獻備考

東國文獻備考 / 英祖(朝鮮) 命編. ――金屬活字本(芸閣印書體字). ――
[發行地不明] : [發行處不明], [英祖 46(1770)]
100卷40册 : 四周雙邊 半郭 22.5 × 13.7 cm, 有界, 10行20字, 上2葉
花紋魚尾 ; 30.2 × 18.6 cm

卷首 : 御製序…歲庚寅(1770)卽阼四十六年… 徐命膺奉敎謹書
御製後序…庚寅(1770)徐命膺 奉敎謹書. 乾隆三十五年…金致仁進箋

xyl.1888.과 동일한 자료이다.

## xyl.1855(F111). 신편고금사문유취 新編古今事文類聚

新編古今事文類聚 / 祝穆(宋) 編 ; 富大用(元), 祝淵(元) 輔編. ――木板
本. ―― [大邱] : [嶺營], [高宗 28(1891)]
236卷70册 : 四周單邊 半郭 20.0 × 14.2 cm, 有界, 11行24字, 上下向
黑魚尾 ; 30.5 × 19.1 cm

序 : 萬曆甲辰(1604)…唐富春
刊記 : 辛卯(1891)季秋嶺營新刊

중국 송(宋)나라 때 축목(祝穆)이란 사람이 편찬한 것으로, 중국 상고
시대부터 송나라 때까지의 중요한 사문(事文)을 모은 백과사전적인
책이다. 1493년 성종 때 간행된 뒤로 여러 번 재발행되었다.

## Kor13(xyl.1852). **천자문** 千字文

千字文 / ――木板本. ―― [發行地不明] : [發行處不明], [發行年不明]
1冊(32張) ; 29.0 × 18.5 cm

京板本

한자, 한문을 쉽게 접할 수 있도록 만든 초학자용 교과서이다. 중국
양(梁)나라 때의 주흥사(周興嗣)가 사언고시(四言古詩) 250구(句)의 형
태로 모두 1000자를 만들었다.

## xyl.2015. **천자문** 千字文

千字文 / ――木板本. ―― [發行地不明] : [發行處不明], [發行年不明]
1冊(32張) ; 25.8 × 18.5 cm

한자, 한문을 쉽게 접할 수 있도록 만든 초학자용 교과서이다.

## xyl.2553. **천자문** 千字文

千字文 / --木板本. -- [漢陽]：[武橋], [[同治甲子-(1864)]
1冊(17張)；28.2 × 18.0 cm

京板本
刊記：同治甲子-(1864)季夏武橋重刊

## Kor14(xyl.1851). **전운옥편** 全韻玉篇

全韻玉篇 / --木板本. -- [發行地不明]：[發行處不明], [發行年不明]
2卷2冊：四周雙邊 半郭 21.5 × 16.5 cm, 有界, 11行字數不定, 上黑魚
尾；29.0 × 18.5 cm

중국 <강희자전(康熙字典)>의 체재를 본떠서 만든 한자 사전이다. 정
조 때 간행된 뒤로 유학자들 사이에서 많이 애용되었다고 한다.

## xyl.2016. **유합** 類合

類合 / --木板本. -- [發行地不明] : [發行處不明], [發行年不明]
1冊(22張) ; 22.1 × 17.5 cm

한자, 한문을 쉽게 접할 수 있도록 만든 초학자용 교과서이다. 천자
문과 더불어 우리나라에서 많이 읽혔고 간행 또한 수차례나 이루어
졌다.

## xyl.1885. **중간노걸대** 重刊老乞大

重刊老乞大 / 李洙(朝鮮)...等受命編. --木板本. -- [發行地不明] :
[發行處不明], [發行年不明]
1冊 : 四周雙邊 半郭 22.6 × 16.8 cm, 有界, 10行20字, 上下向3葉花
紋魚尾 ; 32.4 × 22.0 cm

조선시대 사역원의 역관(譯官)을 위한 중국어 학습서이다. <중간노걸
대>는 1795년 정조 때 왕명에 따라 이수(李洙, 생몰년 미상) 등이 <노
걸대>를 교정하고 다시 간행한 책이다.

## xyl.1886. **중간노걸대** 重刊老乞大

重刊老乞大 / 李洙(朝鮮)...等受命編. --木板本. -- [發行地不明]：
[發行處不明], [發行年不明]
1冊：四周雙邊 半郭 22.6 × 16.8 cm, 有界, 10行20字, 上下向3葉花
紋魚尾；32.4 × 22.0 cm

xyl.1885.와 동일한 자료이다.

## xyl.1883. **박통사신석언해** 朴通事新釋諺解

朴通事新釋諺解 / --木板本. -- [發行地不明]：[發行處不明], [發行
年不明]
3卷3冊：四周雙邊 半郭 22.1 × 15.9 cm, 有界, 10行20字, 上下內向2
葉花紋魚尾；32.5 × 16.8 cm

조선시대 사역원의 역관(譯官)을 위한 중국어 학습서이다. <박통사신
석언해>는 1765년 영조의 왕명에 따라 김창조(金昌祚, 1865~1919) 등
이 <박통사>를 수정하고 다시 간행한 책이다.

## xyl.1945. 동몽선습 童蒙先習

童蒙先習 / 朴世茂(朝鮮) 著. --木板本. -- [發行地不明] : [發行處不明], [發行年不明]

1冊(17張) : 四周單邊 半郭 21.9 × 16.5 cm, 有界, 7行字數不定, 上下向2葉花紋魚尾 ; 26.8 × 19.1 cm

한자, 한문을 쉽게 접할 수 있도록 만든 초학자용 교과서이다. <천자문>, <유합>과 더불어 우리나라에서 많이 읽혔고 간행 또한 수차례나 이루어졌다.

## xyl.2552. 계몽편언해 啓蒙篇諺解

啓蒙篇諺解 / --木板本. -- [發行地不明] : [發行處不明], [發行年不明]

1冊(23張) : 四周單邊 半郭 21.0 × 16.7 cm, 有界, 10行18字, 上2葉花紋魚尾 ; 29.4 × 19.3 cm

한자, 한문을 쉽게 접할 수 있도록 만든 초학자용 교과서이다. 유교의 기본 소양을 다룬 한문 장구(章句)를 모아 한글로 토(吐)를 달고 언해하였다.

Kor3(xyl.1850). **조선역사** 朝鮮歷史

朝鮮歷史 / 學部編輯局 編. −−木活字本. −− [漢城] : [學部編輯局],
[高宗 32(1895)]
3卷3冊 : 四周單邊 半郭 21.5 × 14.3 cm, 有界, 10行20字, 上2葉花紋
魚尾 ; 28.2 × 18.5 cm

---

刊記 : 大朝鮮開國五百四年(1895)仲秋 學部編輯局新刊

1895년 대한제국 학부(學部)에서 편찬한 국사 교과서이다. 단군시대
부터 조선시대까지의 역사를 다루고 있다.

---

Kor4(KⅣ2). **조선지지** 朝鮮地誌

朝鮮地誌 / 學部編輯局 編. −−木活字本. −− [漢城] : [學部編輯局],
[高宗 32(1895)]
1冊 : 四周單邊 半郭 21.7 × 14.3 cm, 有界, 10行20字, 上2葉花紋魚
尾 ; 28.1 × 18.4 cm

---

刊記 : 大朝鮮開國五百四年(1895)菊秋 學部編輯局新刊

1895년 대한제국 학부에서 편찬한 지리 교과서이다. 한양을 비롯하
여 전국의 지리를 다루고 있다.

---

## Kor2(KⅣ4). 국민소학독본 國民小學讀本

國民小學讀本 / 學部編輯局 編. --木活字本. -- [漢城]：[學部編輯局], [高宗 32(1895)]
1冊：四周單邊 半郭 21.5 × 15.3 cm, 有界, 10行20字, 上2葉花紋魚尾；28.2 × 18.4 cm

---

刊記：大朝鮮開國五百四年(1895)梧秋 學部編輯局新刊

1895년 대한제국 학부(學部)에서 편찬한 국어 교과서이다. 41과로 나누어 조선의 전통 문물, 인물, 세계의 역사와 풍물 등을 다루고 있다.

## xyl.F-127. 서운관지 書雲觀志

書雲觀志 / 成周悳(朝鮮) 編. --金屬活字本(壬辰字). -- [發行地不明]：[發行處不明], [純祖 18(1818)]
4卷2冊：四周單邊 半郭 25.0 × 17.0 cm, 10行18字, 上花紋魚尾；33.3 × 21.7 cm

---

序：戊寅(1818)...荳溪居士(成周悳)識

조선시대에 간행된 천문지리서이다. 정조의 왕명에 따라 천문학자였던 성주덕(成周悳, 1759~미상)이 작업을 진행했고, 1818년 순조 때 간행되었다.

## xyl.1884. 정기록 正氣錄

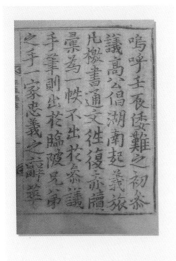

正氣錄 / 高敬命(朝鮮) 著 ; 高用厚(朝鮮) 編. --木板本. -- [發行地不明] : [發行處不明], [發行年不明]

1冊 : 四周單邊 半郭 21.5 × 16.1 cm, 有界, 10行18字, 上下內向2葉花紋魚尾 ; 30.3 × 19.8 cm

임진왜란 때 순절한 고경명(高敬命, 1533~1592)과 고종후(高從厚, 1554~1593), 고인후(高因厚, 1561~1592) 등 삼부자의 충절을 기록한 책이다. 1599년 선조 연간에 간행되었다.

## xyl.1863. 성세예경해의 醒世隷經解義

醒世隷經解義 / 霞子承宣(淸) 撰 ; 蓮子(淸) 註釋. --木板本. -- [發行地不明] : [發行處不明], [高宗 21(1884)]

1冊 : 四周單邊 半郭 19.8 × 13.8 cm, 有界, 10行21字, 上下向白魚尾 ; 29.7 × 18.9 cm

跋 : 時靑猿(甲申, 1884)黃楊閏夏哉生魄之越五日甲子遷喬不朴晋陽四代祖朴定陽(1841~1904)百拜蹈舞而跋

刊記 : 靑猿(甲申, 1884)閏夏情心舘筆梓

관우(關羽)를 비롯한 도교와 관련된 인물과 내용 등을 다룬 책이다.

2.2.2.

# 러시아 상트페테르부르크
# 동방학연구소의 전적

## D1.(E590) 삼국사기 三國史記

三國史記 / 金富軾(高麗) 奉宣撰. ――金屬活字本(顯宗實錄字). ―― [發行地不明] : [發行處不明], [發行年不明]

50卷8册(零本) : 四周雙邊 半郭 23.4 × 15.8 cm, 有界, 10行18字, 上下2葉花紋魚尾 ; 30.5 × 20.0 cm

跋 : 癸酉(太祖2, 1393)七月下牒于府八月, 始鋟諸梓未幾二公見代余以其年冬十月至府……乃助之旋令工不斷手至甲戌(太祖3, 1394)夏 四月告成……府使嘉善大夫金居斗跋

表題 : 三國史, 册 1,2,3,5 筆寫本, 册 4,7,8 金屬活字本(顯宗實錄字), 册 6 木板本

<삼국사기>는 조선 초기에 왕명(王命)에 의하여 만들어진 고려시대 역사를 다룬 역사서이다.

## D3.(F82) 국조보감 國朝寶鑑

國朝寶鑑 / 正祖(朝鮮) 命撰 ; 蔡濟恭(朝鮮). ――木板本. ―― [發行地不明] : [發行處不明], [憲宗 14(1848)]

82卷26册 : 四周單邊 半郭 24.6 × 17.2 cm, 有界, 10行18字, 上2葉花紋魚尾 ; 33.2 × 21.3 cm

跋 : 上之十四(戊申, 1848) 孟秋大匡輔國崇祿大夫行判中樞府事臣權敦仁(1783~1859)拜手稽首謹跋

跋 : 上之六(壬寅, 1782)…奎章閣提學金鍾秀(728~1799)拜手稽首謹跋

御製序 : 序時豫踐位之六年壬寅(1782)陽月

御製序 : 豫踐位之十有四年戊申(1848)八月…金鍾秀

<국조보감>은 조선시대 역대 국왕들의 행적과 업적을 모아 기술한 역사서이다. <사진>은 이 책의 구입시기에 대한 것이다.

## D35.(F57) 국조보감 國朝寶鑑

國朝寶鑑 / 正祖(朝鮮) 命撰；蔡濟恭(朝鮮). --木板本. -- [發行地不明]：[發行處不明], [憲宗 14(1848)]
82卷26冊：四周單邊 半郭 24.6 × 17.2 cm, 有界, 10行18字, 上2葉花紋魚尾；33.2 × 21.3 cm

跋：上之十四(戊申, 1848) 孟秋大匡轉國崇祿大夫行判中樞府事臣權敦仁(1783~1859)拜手稽首謹跋
跋：上之六(壬寅, 1782)...奎章閣提學金鍾秀(728~1799)拜手稽首跋
御製序：序時豫踐位之六年壬寅(1782)陽月
御製序：豫踐位之十有四年戊申(1848)八月...金鍾秀

D3.(F82)과 동일한 자료이다.

## D28.(F51) 동국통감 東國通鑑

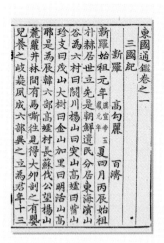

東國通鑑 / 徐居正(朝鮮) 著. --木板本. -- [發行地不明]：[發行處不明], [發行年不明]
18卷9冊(零本)：四周單邊 半郭 25.6 × 17.0 cm, 有界, 10行17字, 上下內向2葉花紋魚尾；32.4 × 21.3 cm

우리나라 상고시대부터 고려시대까지의 역사를 담은 역사서이다.

## D42.(F69) **선원세계** 璿源世系

璿源世系 / ――木板本. ―― [發行地不明] : [發行處不明], [發行年不明]
1冊 : 四周雙邊 半郭 23.0 × 19.1 cm, 有界, 11行22字, 內向3葉花紋
魚尾 ; 31.3 × 22.0 cm

조선시대 왕실(王室)의 세보(世譜), 세계(世系)를 기록한 책이다.

## D42.(F69) **선원계보기략** 璿源系譜紀略

璿源系譜紀略 / ――木板本. ―― [發行地不明] : [發行處不明], [發行年不明]
7冊 : 四周雙邊 半郭 22.5 × 18.8 cm, 有界, 11行22字, 內向3葉花紋
魚尾 ; 34.5 × 22.7 cm

조선시대 왕실(王室)의 세보(世譜), 세계(世系)를 기록한 책이다. 선원
세계를 보완할 목적으로 정조 때 간행되었다.

## D43.(F69)　선원계보기략 璿源系譜紀略

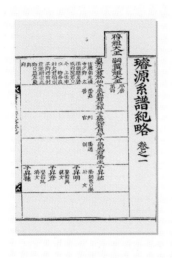

璿源系譜紀略 / --木板本. -- [發行地不明] : [發行處不明], [發行年不明]

7册 : 四周雙邊 半郭 22.5 × 18.8 cm, 有界, 11行22字, 內向3葉花紋魚尾 ; 34.5 × 22.7 cm

D42.(F69)와 동일한 자료이다.

## H38.　삼한세가 三韓世家

三韓世家 / --筆寫本. -- [發行地不明] : [發行處不明], [發行年不明]

3册 ; 37.5 × 24.0 cm

이 자료는 기관의 자료 보관 상태에 따라 촬영할 수 없었다.

이종휘(李種徽, 1731~1797)가 쓴 것으로 고조선, 삼한, 부여, 고구려의 역사를 다룬 책이다. 이 자료는 <삼한세가>의 필사본이다.

## D4. 동사회강 東史會綱

東史會綱 / --金屬活字本(芸閣印書體字). -- [發行地不明] : [發行處不明], [發行年不明]
12卷14册 : 四周雙邊 半郭 22.5 × 15.6 cm, 有界, 12行21字, 上白魚尾 ; 30.7 × 19.8 cm

임상덕(林象德, 1683~1719)이 쓴 것으로 삼국시대부터 고려 말까지의 역사를 다룬 책이다.

## D44. 해동사 海東史

海東史 / --木板本. -- [發行地不明] : [發行處不明], [發行年不明]
1册 ; 34.7 × 21.0 cm

저자 미상으로 고려 태조부터 마지막 왕이었던 공양왕(恭讓王)까지의 역사를 다룬 책이다.

## D27.(F50) 명의록 明義錄

이 자료는 기관의 자료 보관 상태에
따라 촬영할 수 없었다.

明義錄 / ――金屬活字本. ―― [發行地不明] : [芸閣], [正祖 1(1777)]
2卷3冊 : 四周單邊 半郭 25.0 × 17.0 cm, 有界, 10行18字, 上2葉花紋
魚尾 ; 32.0 × 22.0 cm

---

刊記 : 丁酉(1777)仲春芸閣活印
跋 : 上之元(丁酉, 1777) 四月 庚子嘉善大夫江華府留守兼鎭撫使臣金
鐘秀拜手稽首奉敎謹跋

정조의 대리청정(代理聽政)을 반대했던 홍인한(洪麟漢, 1722~1776),
정후겸(鄭厚謙, 1749~1776) 등을 사사(賜死)한 사건을 기록한 책이다.

## C8. 명의록언해 明義錄諺解

明義錄諺解 / 金致仁(朝鮮) 等編. ――木板本. ―― [發行地不明] : [發行
處不明], [發行年不明]
1冊 : 四周單邊 半郭 24.3 × 16.1 cm, 有線, 10行17字, 上2葉花紋魚
尾 ; 26.6 × 18.8 cm

印文 : 英國阿須頓藏書

명의록을 한글로 언해한 것으로, 세손(世孫)이었던 정조의 대리청정
(代理聽政)을 반대했던 홍인한 등을 사사(賜死)한 사건을 기록한 책
이다.

## C48.  해동역사 海東繹史

海東繹史 / 韓致奫(朝鮮) 編. --筆寫本. -- [發行地不明] : [發行處不明], [發行年不明]
85卷28冊 ; 26.0 × 16.0 cm

한치윤(韓致奫, 1765~1814)이 쓴 것으로 단군시대부터 고려시대까지의 역사를 다룬 책이다.

## C60.(C75)  동국역대총목 東國歷代總目

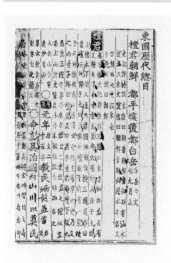

東國歷代總目 / 洪萬宗(朝鮮) 著. --木板本. -- [發行地不明] : [發行處不明], [肅宗 30(1704)]
1冊 ; 26.0 × 16.7 cm

홍만종(洪萬宗, 1643~1725)이 쓴 것으로 단군시대부터 고려시대까지의 역사를 다룬 책이다.

## D2.(F14)  목재가숙휘찬여사 木齋家塾彙纂麗史

木齋家塾彙纂麗史 / 洪汝河(朝鮮) 纂. --木板本. -- [發行地不明] : [發行處不明], [純祖年間(1801~1834)]
48卷22册(零本) : 四周雙邊 半郭 20.5 × 16.5 cm, 有界, 10行20字, 內向2葉花紋魚尾 ; 30.2 × 20.2 cm

홍여하(洪汝河, 1620~1674)가 쓴 것으로 고려시대의 역사를 다룬 책이다.

## C58.  박고 博古

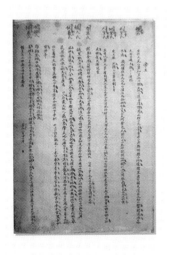

博古 / --筆寫本. -- [發行地不明] : [發行處不明], [發行年不明]
1册 ; 28.0 × 19.7 cm

저자, 연대 미상으로, 중국의 역대 제왕의 이름, 신라, 고려, 조선시대까지 중요한 사건을 짤막짤막하게 정리한 역사서이다.

## C55. 동국사략 東國史略

東國史略 / 權近(朝鮮) 等撰. 金屬活字本. [發行地不明] : [發行處不明], [發行年不明]

6卷4册 : 四周單邊 半郭 18.7 × 11.5 cm, 有界, 10行19字, 上下向黑魚尾 ; 25.5 × 15.8 cm

권근(權近, 1352~1409), 하륜(河崙, 1347~1416), 이첨(李詹, 1345~1405) 등이 왕명에 의하여 편찬한 역사서로 고조선부터 통일신라시대까지의 역사를 기술했다.

## D76. 조야집요 朝野輯要

朝野輯要 / 李長演(朝鮮) 撰. 筆寫本. [發行地不明] : [發行處不明], [正祖 8(1784)]

29卷15册 ; 30.0 × 19.5 cm

序 : 甲辰(1784)春暮七十一歲翁書于耕漁齋

조선 초기부터 순조까지의 역사를 기술한 역사서이다.

## C1. 황강문답 黃江問答

黃江問答 / --筆寫本. -- [發行地不明] : [發行處不明], [發行年不明]
1冊 ; 27.8 × 18.4 cm

권상하(權尙夏, 1641~1721)가 제자들과 당론에 대해 문답한 것을 제자 한홍조(韓弘祚, 생몰년 미상)가 기록한 책이며, 일명 '강상문답(江上問答)'이라고도 한다.

## B28. 기사 記事

記事 / --筆寫本. -- [發行地不明] : [發行處不明], [發行年不明]
10卷10冊 ; 22.4 × 15.0 cm

조정에서 있었던 일과를 기록한 책으로, 헌종(憲宗) 시대를 기술해 놓았다.

## C20. **국조정토록전** 國朝征討錄全

國朝征討錄全 / ――筆寫本. ―― [發行地不明] : [發行處不明], [發行年不明]

2卷1冊 ; 26.6 × 18.7 cm

세종 때의 대마도 정벌, 중종 때의 삼포왜란까지의 일본과의 전란 등을 기술한 책이다. 목활자본(木活字本)으로 간행된 국토정토록전이 유일본으로 알려져 왔다. 동방학연구소본은 필사본으로 목활자본 간행 이전에 만들어져 유통되었던 것으로 보인다.

## C62.(E8) **조야기문** 朝野記聞

朝野記聞 / ――筆寫本. ―― [發行地不明] : [發行處不明], [發行年不明]

5卷5冊 ; 26.7 × 17.0 cm

조선 왕조의 연표, 종계변무(宗系辨誣), 이시애(李施愛, 미상~1467)의 난, 무오사화, 윤비폐의(尹妃廢議), 기묘사화, 복성군(福城君)의 옥사, 기축옥사, 임진왜란 기사, 장릉추숭(章陵追崇), 병자호란, 정릉복의(貞陵復議), 대성전에 배향과 같은 내용을 기술한 역사서이다.

## A6. **일기** 日記

日記 / --筆寫本. -- [發行地不明] : [發行處不明], [發行年不明]
1冊 ; 20.5 × 15.9 cm

附 : 帳簿

금전(金錢) 출납 사항을 간단하게 적은 장부이다.

## D45.(F67) **남한일기** 南漢日記

南漢日記 / 石之珩(朝鮮) 著. --筆寫本. -- [發行地不明] : [發行處不明], [發行年不明]
4卷4冊 ; 33.8 × 20.6 cm

跋 : 崇禎丙子後再癸酉(1753)...李箕鎭(朝鮮)識

병자호란을 겪으면서 그날그날의 기록을 남긴 책이다.

## B30. **기년편람** 紀年便覽

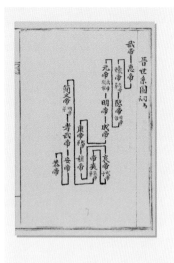

紀年便覽 / 李萬運(朝鮮) 編. ――筆寫本. ―― [發行地不明] : [發行處不明], [高宗 14(1877)]
8卷4冊 ; 24.0 × 16.2 cm

――――――――――

跋 : 上之元年丁酉(1777) 孟冬完山李德懋(1741~1739)撰.
自序 : 崇禎紀元後三戊戌(1778)季秋上澣咸平李萬運仲心題

이만운(李萬運, 1723~1797)이 조선시대의 역사, 중요한 사건 등을 엮은 책이다. 동방학연구소 소장본은 1877년에 속찬된 후, 필사한 자료이다.

## H41. **기년아람** 紀年兒覽

紀年兒覽 / 李萬運(朝鮮) 著. ――筆寫本. ―― [發行地不明] : [發行處不明], [發行年不明]
1冊 ; 26.0 × 17.8 cm

――――――――――

이만운(李萬運, 1723~1797)이 편찬한 <기년편람>을 정조 때 이덕무(李德懋, 1741~1793)가 수정 보완했고, 그 이듬해 이만운이 다시 손질하여 완성시켰다.

## C43.(D480) 고금역대표제주석십구사략통고 古今歷代標題註釋十九史略通攷

古今歷代標題註釋十九史略通攷 / 曾先之(元) 編次；余进(明) 通攷；
鄭昌順(朝鮮) 編. ––木板本. –– [發行地不明]：[發行處不明], [發行年
不明]
2卷2册：四周單邊 半郭 22.5 × 16.7 cm, 有界, 11行20字, 上下2葉花
紋魚尾；25.5 × 19.0 cm

원나라 증선지(曾先之)가 처음 편찬한 뒤로 원사(元史)를 추가하여
〈십구사략〉이 만들어졌다. 이 책은 〈십구사략〉의 어려운 부분에 주
석을 달고 알기 쉽게 설명한 것이다.

## D73.(F10) 고금역대표제주석십구사략통고 古今歷代標題註釋十九史略通攷

古今歷代標題註釋十九史略通攷 / 曾先之(元) 編次；余进(明) 通攷；
鄭昌順(朝鮮) 編. ––木板本. –– [發行地不明]：[發行處不明], [發行年
不明]
2卷2册：四周單邊 半郭 22.5 × 16.7 cm, 有界, 11行20字, 上下2葉花
紋魚尾；25.5 × 19.0 cm

C43.(D480)과 동일한 자료이다.

## D61.(F86)  속사략익전 續史略翼箋

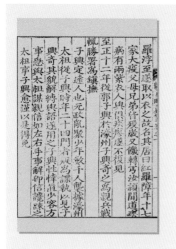

續史略翼箋 / 洪奭周(朝鮮) 翼箋. --木板本. -- [發行地不明] : [發行處不明], [哲宗 8(1857)]
21卷6冊 : 四周雙邊 半郭 22.0 × 16.8 cm, 有界, 11行24字, 上下向2葉花紋魚尾 ; 33.0 × 21.2 cm

序 : 崇禎紀元后四辛巳(1821)孟秋弟吉周敬撰
序 : 崇禎紀元後四丙辰(1856)仲冬大匡輔國崇祿大夫...楊州趙斗淳序
跋 : 崇禎紀元後四丁巳(1857)仲夏朝鮮陪臣申錫愚

중국 명(明)나라의 역사를 간략하게 정리한 역사서이다. 1857년 철종 때 홍인모(洪仁謨, 1755~1812), 홍석주(洪奭周, 1774~1842), 홍길주(洪吉周, 1786~1841)가 편찬했다.

## D62.(F84)  사마온공경진계고록 司馬溫公經進稽古錄

司馬溫公經進稽古錄 / 司馬光(宋) 著. --金屬活字本. -- [發行地不明] : [發行處不明], [發行年不明]
20卷3冊 : 四周單邊 半郭 25.0 × 17.3 cm, 有界, 10行17字, 上下內向2葉花紋魚尾 ; 31.6 × 21.5 cm

序題 : 新刊司馬文正公稽古錄. 序 : 弘治辛酉(1501)...姚黃珣
卷末 : 稽古錄序 : 弘治辛酉(1501)...楊璋

중국 송(宋)나라 때 사마광(司馬光)이 중국 왕조의 중요한 역사적 사실 등을 기술하고 견해를 밝힌 책이다.

## D63.(F84)  자치통감강목 資治通鑑綱目

資治通鑑綱目 / 朱熹(宋) 編, 思政殿(朝鮮) 訓義. --木板本. -- [發行地不明]: [發行處不明], [發行年不明]
59卷76冊: 四周單邊 半郭 25.0 × 17.0 cm, 有界, 10行18字, 上下下向黑魚尾; 36.7 × 23.0 cm

---

卷4-6, 卷12-19 缺

이 자료는 기관의 자료 보관 상태에 따라 촬영할 수 없었다.

중국 송(宋)나라 주희(朱熹)가 쓴 역사서이다. 1438년 세종 때 국내에서 활자본으로 간행되었다.

## D72.(G4)  서전대전 書傳大全

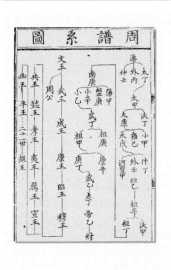

書傳大全 / 胡廣(明) 等編. --木板本. -- [發行地不明]: [發行處不明], [發行年不明]
10卷10冊: 揷圖, 四周雙邊 半郭 25.3 × 17.3 cm, 有界, 10行22字, 上下2葉花紋魚尾; 36.0 × 23.5 cm

---

序: 嘉定己巳(1209)…蔡沈

중국 명(明)나라 때 영락제(永樂帝)의 왕명을 받아 편찬한 서경(書經)의 주석서이다.

## D30.(F53) 양전편고 兩銓便攷

兩銓便攷 / 高宗(朝鮮) 命編. --金屬活字本. -- [發行地不明] : [發行處不明], [高宗 2(1865)]
2卷2冊 : 四周單邊 半郭 21.5 × 14.7 cm, 有界, 10行20字, 上下向白魚尾 ; 31.3 × 19.5 cm

序 : 乙丑(1865)十月...南秉吉序

&lt;대전통편&gt;과 &lt;육전조례&gt;가 간행된 이후에 이를 보기 편하게 열람하기 위해서 만든 책이다. 고종 때 남병길(南秉吉, 1820~1869) 등이 왕명을 받아 편찬했다.

## D48.(F62) 관서빈흥록 關西賓興錄

關西賓興錄 / 奎章閣(朝鮮) 編. --木板本. -- [發行地不明] : [發行處不明], [正祖 24(1800)]
3卷2冊 : 四周單邊 半郭 20.0 × 14.0 cm, 有界, 10行20字, 上下向2葉花紋魚尾 ; 31.0 × 19.5 cm

정조 때 간행된 것으로, 평안도(관서)에서 경전(經傳)에 밝은 사람을 뽑아 각 조문(條問)을 시험했던 경과를 기록한 책이다.

## D79. **진신안** 搢紳案

搢紳案 / --筆寫本. -- [發行地不明] : [發行處不明], [發行年不明]
1冊 ; 30.5 × 18.5 cm

우리나라 조정의 역대 주요 관직을 지냈던 인물들에 대한 기록을 담은 책이다.

## D12.(F87) **연조귀감** 椽曹龜鑑

椽曹龜鑑 / 李震興 ; 李明九(朝鮮) 共纂輯. --木活字本. -- [發行地不明] : [發行處不明], [憲宗 14(1848)]
3卷2冊 : 四周單邊 半郭 20.4 × 15.6 cm, 有界, 10行18字, 上下2葉花紋魚尾 ; 30.8 × 20.1 cm

序 : 崇禎紀元後四癸卯(1843)…德水李敏行書
跋 : 戊申(1848)陽月哉生明海隱姜必孝題

역대 향리(鄕吏)들의 사적을 기록한 책이다. 이진흥(李震興, 생몰년 미상)이 1777년 정조 때 간행하였고, 1848년 증손인 이명구(李明九, 생몰년 미상)가 목활자로 다시 간행하였다.

## B29. 흠흠신서 欽欽新書

欽欽新書 / 丁若鏞(朝鮮) 編. --筆寫本. -- [發行地不明] : [發行處不明], [純祖 22(1822)]
30卷10冊 ; 24.2 × 17.1 cm

정약용(丁若鏞, 1762~1836)의 <흠흠신서>를 필사한 자료로, 형사사건을 다루는 관리들을 위한 지침서이다.

## C9. 어제계주윤음 御製戒酒綸音

御製戒酒綸音 / 英祖(朝鮮) 撰. --木板本. -- [發行地不明] : [芸閣], [英祖 33(1757)]
1冊 : 四周雙邊 半郭 22.0 × 14.9 cm, 有界, 9行18字, 上2葉花紋魚尾 ; 26.8 × 18.6 cm

刊記 : 丁丑(1757)十一月日…芸閣藏板

재상(宰相) 이하 모든 관원들에게 술을 금지하도록 한 임금의 말[綸音]을 기록한 책이다. 1757년 영조 때 간행되었다.

## D5.(F78)  대전회통 大典會通

大典會通 / 趙斗淳(朝鮮) 等受命編. ――木板本. ―― [發行地不明]:[發行處不明], [高宗 2(1865)]
6卷5冊:四周雙邊 半郭 24.0 × 17.5 cm, 有界, 10行20字, 上下內向2葉花紋魚尾;36.0 × 25.0 cm

卷首:英廟御製御筆
序:金炳學. 進大典會通箋:同治四(1865)…趙斗淳等
經國大典序:成化五(1469)…徐居正
進經國大典箋:成化五(1469)…崔恒等. 英廟御製題續大典卷首勉勅後昆, 英廟御製續大典小識復勅群工
續大典序:元景夏
進續大典箋:金在魯等. 正廟御製大典通編題辭
大典通編序:李福源
進大典通編箋:金致仁等
조선시대 대표적인 법전(法典) 중의 하나이다.

## D5a.(F91)  대전회통 大典會通

大典會通 / 趙斗淳(朝鮮) 等受命編. ――木板本. ―― [發行地不明]:[發行處不明], [高宗 2(1865)]
6卷5冊:四周雙邊 半郭 24.0 × 17.5 cm, 有界, 10行20字, 上下內向2葉花紋魚尾;36.0 × 25.0 cm

卷首:英廟御製御筆
序:金炳學
進大典會通箋:同治四(1865)…趙斗淳等
經國大典序:成化五(1469)…徐居正
進經國大典箋:成化五(1469)…崔恒等. 英廟御製題續大典卷首勉勅後昆, 英廟御製續大典小識復勅群工
續大典序:元景夏
進續大典箋:金在魯等. 正廟御製大典通編題辭
大典通編序:李福源
進大典通編箋:金致仁等
D5.(F78)와 동일한 자료이다.

## D6.(F56)  대전통편 大典通編

大典通編 / 金致仁(朝鮮) 等編. --木板本. -- [大邱：[嶺營], [英祖 9(1785)]

6卷5冊：四周雙邊 半郭 23.8 × 17.6 cm, 有界, 10行20字, 內向2葉花紋魚尾；32.3 × 21.5 cm

---

當宁御製序：時子踐阼九(1785)重陽

序：乾隆五十(1785)月日

箋文：乾隆五十(1785)月日大匡輔國崇祿大夫領中樞府事致仕奉朝賀臣 金致仁(1716~1790)等謹上箋

刊記：乙巳(1785)孟冬嶺營開刊

---

조선시대 대표적인 법전(法典) 중의 하나이다.

## D33.(G32)  대전통편 大典通編

大典通編 / 金致仁(朝鮮) 等編. --木板本. -- [大邱：[嶺營], [英祖 9(1785)]

6卷5冊：四周雙邊 半郭 23.8 × 17.6 cm, 有界, 10行20字, 內向2葉花紋魚尾；32.3 × 21.5 cm

---

當宁御製序：時子踐阼九(1785)重陽

序：乾隆五十(1785)月日

箋文：乾隆五十(1785)月日大匡輔國崇祿大夫領中樞府事致仕奉朝賀臣 金致仁(1716~1790)等謹上箋

刊記：乙巳(1785)孟冬嶺營開刊

---

D6.(F56)과 동일한 자료이다.

## D7. 자휼전칙 字恤典則

字恤典則 / 正祖(朝鮮) 命編. ──金屬活子本. ── [發行地不明]：[發行處不明], [正祖 7(1783)]
1册：四周單邊 半郭 25.2 × 17.3 cm, 有界, 10行18字, 上下向2葉花紋魚尾；32.6 × 21.3 cm

刊記：癸卯(1783)活印中外藏板

흉년을 당해 걸식하거나 버려진 아이들의 구호 방법을 규정한 법령집이다.

## D19. 증수무원록언해 增修無冤錄諺解

增修無冤錄諺解 / 王與(元) 原著 ；具允明(朝鮮) 增修 ；徐有隣(朝鮮) 飜諺. ──木板本. ── [發行地不明]：[發行處不明], [正祖 21(1797)]
3卷2册：揷圖, 四周雙邊 半郭 21.8 × 13.8 cm, 有界, 10行20字, 上白魚尾；32.5 × 21.0 cm

조선 후기 시체 검시와 관련된 내용을 담은 <증수무원록>을 한글로 번역한 책이다.

## D40.(F.760)  대명률강해 大明律講解

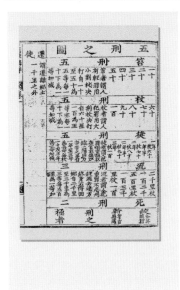

大明律講解 / 太宗(明) 命撰. --木板本. -- [大邱] : [嶺營], [哲宗 5(1854)]

30卷3册 : 四周雙邊 半郭 21.0 × 16.5 ㎝, 有界, 10行17字, 上下2葉 花紋魚尾 ; 32.3 × 21.5 ㎝

조선시대 통용되었던 중국 명나라의 <대명률>을 해설한 책이다.

## D66.(F80)  예서차기 禮書箚記

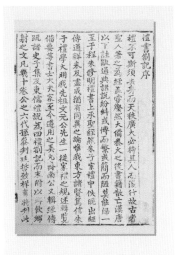

禮書箚記 / 南道振(朝鮮) 著. --木活字本. -- [發行地不明] : [發行處 不明], [高宗 25(1888)]

26卷13册 : 四周單邊 半郭 21.5 × 15.4 ㎝, 有界, 10行22字, 內向2葉 花紋魚尾 ; 30.9 × 19.7 ㎝

序 : 戊子(1708)菊秋光山金洛鉉序
序 : 崇禎後二巳亥(1719)弄丸齋主人宣寧南道振自序
跋 : 英宗乙卯而後一百五十一年乙酉(1885)不肖持關西節始屬黃君…
六代孫嘉善大夫行承政院都承旨兼經筵參贊官春秋館修撰官藝文館直
提學 知製教尙瑞院正廷哲(1840~1916)謹識

조선시대 예설(禮說)을 체계적으로 정리한 책이다.

## D67.(G58) 진찬의궤 進饌儀軌

進饌儀軌 / ――金屬活字本. ―― [發行地不明]：[發行處不明], [高宗 24(1887)]

3卷3冊：揷圖, 四周雙邊 半郭 25.0 × 17.6 cm, 有界, 12行24字, 上下 向黑魚尾；35.0 × 23.2 cm

1828년 순조(純祖)의 40세, 재위 30년을 기념하기 위해서 간행된 것이 다.

## D68.(F64) 신간의례도해 新刊儀禮圖解

新刊儀禮圖解 / ――木板本. ―― [發行地不明]：[發行處不明], [發行年 不明]

20冊：揷圖, 四周雙邊 半郭 23.2 × 17.3 cm, 有界, 10行17字, 上下2 葉花紋魚尾；34.7 × 22.5 cm

卷首：嘉靖十五年丙申(1536)

조선시대 의례(儀禮)와 관련된 각종 절차(儀節)들을 체계적으로 정리 해 놓은 책이다.

## D69.(F65)  의례도 儀禮圖

이 자료는 기관의 자료 보관 상태에 따라 촬영할 수 없었다.

儀禮圖 / --木板本. -- [發行地不明] : [發行處不明], [發行年不明]
17卷11冊 : 揷圖, 四周雙邊 半郭 23.2 × 17.0 cm, 有界, 10行17字, 上下內向混葉花紋魚尾 ; 34.5 × 22.0 cm

조선시대 의례(儀禮)와 관련된 내용을 그림으로 정리해 놓은 책이다.

## D70.(F60)  의례방통도 儀禮旁通圖

이 자료는 기관의 자료 보관 상태에 따라 촬영할 수 없었다.

儀禮旁通圖 / 楊復(宋) 著. --木板本. -- [發行地不明] : [發行處不明], [發行年不明]
1冊 : 四周雙邊 半郭 23.4 × 17.2 cm, 有界, 10行17字, 內向3葉花紋魚尾 ; 34.6 × 22.3 cm

後序 : 嘉靖乙未(1535)…明年丙申(1536)….漢沕童承

<의례방통도>는 <신간의례도해>와 합철되어 있는 것이 일반적이다. 그러나 동방학연구소에서는 이 책을 따로 정리해놓았다.

## G93. **원행을묘정리의궤** 園幸乙卯整理儀軌

園幸乙卯整理儀軌 / 正祖(朝鮮) 命編. 金屬活字本. [發行地不明] : [發行處不明], [正祖 22(1798]

5卷5冊 : 圖, 四周雙邊 半郭 37.5 × 24.0 cm, 有界, 12行22字, 上黑魚尾 ; 24.8 × 16.8 cm

內賜記 : 嘉慶三(1798)四月日內賜弘文館

정조가 아버지 사도세자의 능인 현륭원에 을묘년(1795)에 행차했을 때의 의례 절차를 기록한 책이다.

## F121. **진찬의궤** 進饌儀軌

進饌儀軌 / 進饌所 撰. 金屬活字本. [發行地不明] : [發行處不明], [純祖 29(1829)]

1冊(零本) : 揷圖, 四周雙邊 半郭 23.7 × 17.0 cm, 有界, 12行22字, 內向黑魚尾 ; 34.2 × 22.5 cm

1828년 순조의 40세, 재위 30년을 기념하기 위해서 간행된 것이다.

## C35.(E596)　조아육로통상장정 朝俄陸路通商章程

朝俄陸路通商章程 / 統理交涉通高事移衙門(朝鮮) 編. --新鉛活字本.
-- [發行地不明] : [發行處不明], [高宗 25(1888)]
1冊 ; 27.7 × 18.0 cm

조선과 러시아 사이에 육로를 통한 무역과 통상에 대한 사항을 규정
한 조약서이다.

## D77.(E33)　조아육로통상장정 朝俄陸路通商章程

朝俄陸路通商章程 / 統理交涉通高事移衙門(朝鮮) 編. --新鉛活字本.
-- [發行地不明] : [發行處不明], [高宗 25(1888)]
1冊 ; 27.7 × 18.0 cm

C35.(E596)와 동일한 자료이다.

## D81. **차자등록** 箚子謄錄

箚子謄錄 / --筆寫本. -- [發行地不明] : [發行處不明], [發行年不明]
2册 ; 31.0 × 23.0 cm

이 자료는 기관의 자료 보관 상태에
따라 촬영할 수 없었다.

조선시대 사헌부(司憲府)와 사간원(司諫院)에서 1669~1670년 사이에
올린 상소(上疏)를 모은 책이다.

## M2. **초기등록** 草記謄錄

草記謄錄 / --筆寫本. -- [發行地不明] : [發行處不明], [發行年不明]
4卷4册 ; 33.0 × 23.0 cm

이 자료는 기관의 자료 보관 상태에
따라 촬영할 수 없었다.

통리교섭통상사무아문(統理交涉通商事務衙門)에서 고종에게 올린 계
문(啓文)과 비답(批答) 등을 모은 책이다.

## E1. 시위대건양이년돈문서

시위듸[대]건양이년돈문셔[서]라 / --筆寫本. -- [發行地不明] : [發行處不明], [發行年不明]
1冊 ; 39.7 × 33.0 cm

1897년 건양(建陽) 2년, 시위대와 러시아 측의 돈거래에 대한 장부이다. 필사본인 이 장부에는 자세한 내용은 없고 표제와 공란만 있다.

## A5. 예수성교전서

예수셩[성]교젼[전]셔[서] / --木版本. -- [심양] : [문광셔원], [高宗 23(1886)]
1冊 ; 20.9 × 12.0 cm

예수의 말씀과 생애를 정리한 성경 관련 책으로 심양의 문광서원에서 1886년에 간행된 것이다.

## C3. **지경영험전** 持經靈驗傳

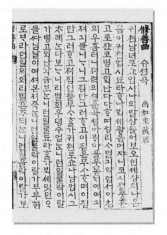

持經靈驗傳 / --木板本. -- [發行地不明]：[發行處不明], [發行年不明]

1冊：四周雙邊 半郭 21.5 × 16.0 cm, 有界, 11行22字, 內向2葉花紋魚尾；26.5 × 19.3 cm

부처님의 말씀과 생애를 정리한 불교서적이다.

## D13. **경신록언석** 敬信錄諺釋

敬信錄諺釋 / --木板本. -- [楊州]：[佛巖寺], [正祖 20(1796)]

1冊：四周雙邊 半郭 24.8 × 18.3 cm, 有界, 11行21字, 內向白魚尾；31.0 × 23.2 cm

卷末：上之二十季嘉慶丙辰(1796)仲秋開刊楊州天寶山佛巖寺藏板

도교의 경전인 <경신록>에 토(吐)를 달고 한글로 언해한 것으로, 고종의 왕명에 따라 편찬했다.

## D21. **소학언해** 小學諺解

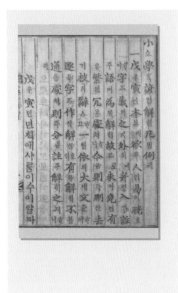

小學諺解 / --木板本. -- [發行地不明] : [發行處不明], [發行年不明]
6卷5册：四周雙邊 半郭 22.4 × 17.0 cm, 有界, 10行19字, 上下細花
紋魚尾；33.3 × 22.2 cm

주희(朱熹)가 지은 <소학>을 우리말로 언해한 책이다.

## D36. **소학제가집주** 小學諸家集註

小學諸家集註 / 朱熹(宋) 編. --木板本. -- [發行地不明] : [發行處不
明], [發行年不明]
6卷5册：四周單邊 半郭 22.4 × 17.0 cm, 有界, 10行17字, 內向2葉花
紋魚尾；33.3 × 22.2 cm

御製小學書：甲戌(1694)…李德成奉校書
小學集註跋：成渾
小學跋：李恒福

주희가 지은 <소학>에 후대의 여러 학자들이 붙인 주석을 모아 이이
(李珥, 1536~1584)가 엮은 책이다.

## D22. **중용언해** 中庸諺解

中庸諺解 / 宣祖(朝鮮) 命編. --木板本. -- [大邱]: [嶺營], [1862]
1冊 : 四周單邊 半郭 23.2 × 17.0 cm, 有界, 10行17字, 上下2葉花紋
魚尾 ; 32.0 × 21.2 cm

<중용>에 현토를 하고 우리말로 번역하여 간행한 책이다.

## xD38. **중용장구대전** 中庸章句大全

中庸章句大全 / 胡廣(明)...等奉勅纂. --木板本. -- [大邱] : [嶺營],
[純祖 5(1805)]
1冊 : 四周雙邊 半郭 23.0 × 17.3 cm, 有界, 10行22字, 上下內向4瓣
黑魚尾 ; 32.3 × 21.3 cm

卷頭 : 中庸章句
序 : 淳熙己酉(1189)
刊記 : 乙丑(1805)四月嶺營重刊

<예기(禮記)>의 한 편이었던 중용을 주희가 별도로 분리하여 장구로
해석한 책인 <중용장구>를 바탕으로 만든 책이다.

## D23. 대학언해 大學諺解

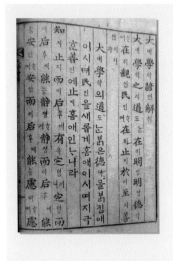

大學諺解 / 宣祖(朝鮮) 命撰. --木板本. -- [大邱] : [嶺營], [純祖 28(1828)]

1冊 : 四周單邊 半郭 22.4 × 17.0 cm, 有界, 10行17字, 上下2葉花紋 魚尾 ; 32.2 × 21.0 cm

刊記 : 戊子(1828)新刊嶺營藏板

<대학>의 원문에 현토를 하고 우리말로 번역하여 간행한 책이다.

## D37.(F45) 대학장구대전 大學章句大全

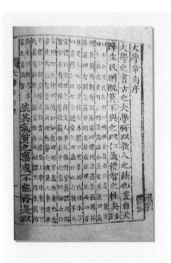

大學章句大全 / 胡廣(明) 等撰. --木板本. -- [大邱] : [嶺營], [純祖 28(1828)]

1冊 : 四周單邊 半郭 23.6 × 17.0 cm, 有界, 10行18字, 上下內向2葉 花紋魚尾 ; 32.3 × 21.3 cm

<예기(禮記)>의 한 편이었던 대학을 주희가 별도로 분리하여 장구로 해석한 책인 <대학장구>를 바탕으로 만든 책이다. 이 책은 1828년 영영(嶺營)에서 간행한 목판본이다.

## D71.(F70)  어정대학유의 御定大學類義

御定大學類義 / 正祖(朝鮮) 命編. --金屬活字本. -- [發行地不明] : [發行處不明], [純祖 5(1805)]

21卷7冊 : 四周雙邊 半郭 23.2 × 15.8 cm, 有界, 10行20字, 上黑魚尾 ; 34.5 × 22.0 cm

---

表題 : 正朝己未重校御定大學類爲當定 乙丑活印

卷首 : 正朝御製序...上之五乙丑(1805)...金祖淳奉敎書

<대학>의 원문을 바탕으로 하고, 진덕수(眞德秀)의 대학연의(大學衍義)와 이를 보충한 구준(丘濬)의 <대학연의보(大學衍義補)>의 내용을 함께 참고하여 요약한 저술이다.

## D93.  대학언해 大學諺解

大學諺解 / 宣祖(朝鮮) 命撰. --木板本. -- [發行地不明] : [內閣], [純祖 20(1820)]

1冊 : 四周單邊 半郭 24.6 × 17.2 cm, 有界, 10行17字, 上2葉花紋魚尾 ; 31.5 × 21.0 cm

---

刊記 : 庚辰(1820)新刊內閣藏板

<대학>의 원문에 현토를 하고 우리말로 번역하여 간행한 책이다.

## D92. 논어언해 論語諺解

論語諺解 / 宣祖(朝鮮) 命撰. --木板本. -- [發行地不明] : [內閣], [庚辰(1820)]

3卷3冊 : 四周單邊 半郭 23.8 × 16.8 cm, 有界, 10行17字, 內向2葉花紋魚尾 ; 31.3 × 20.7 cm

刊記 : 庚辰(1820)新刊內閣藏板

<논어>의 원문에 현토를 하고 우리말로 번역하여 간행한 책이다.

## D24. 맹자언해 孟子諺解

孟子諺解 / 宣祖(朝鮮) 命撰. --木板本. -- [大邱] : [嶺營], [甲申(1884)]

14卷7冊 : 四周單邊 半郭 23.0 × 16.4 cm, 有界, 10行17字, 上內向2葉花紋魚尾 ; 32.1 × 21.0 cm

刊記 : 甲申(1884)新刊嶺營藏板

<맹자>의 원문에 현토를 하고 우리말로 번역하여 간행한 책이다. 사진은 동방학연구소본에 적힌 구입관련 기록이다.

## D39. 맹자집주대전 孟子集註大全

孟子集註大全 / 胡廣(明)...等奉勅纂. --木板本. -- [大邱] : [嶺營], [甲申(1884)]

14卷7冊 : 四周單邊 半郭 23.6 × 17.0 cm, 有界, 10行22字, 上下向2葉花紋魚尾 ; 32.4 × 21.0 cm

刊記 : 甲申(1884)新刊嶺營藏板

명나라 호광(胡廣)이 왕명을 받들어 여러 학자들의 <맹자>에 대한 주석을 모아 엮은 저술이다.

## D26.(F49) 연평이선생제자답문 延平李先生第子答問

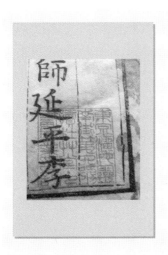

延平李先生第子答問 / 朱熹(宋) 編. --木板本. -- [發行地不明] : [發行處不明], [肅宗 7(1666)]

2卷2冊 : 四周雙邊 半郭 19.5 × 13.5 cm, 有界, 9行16字, 內向黑魚尾 ; 30.0 × 17.0 cm

序 : 弘治乙卯(1495)...周木
跋 : 嘉靖三十三(1554)...李滉

주희가 스승인 이통(李侗)과 나누었던 철학적 대화. 스승으로부터의 가르침을 정리하여 엮어낸 책이다. 조선에서는 이황(李滉, 1501~1570)이 이를 교정하고 후어(後語)를 덧붙여 간행하였다. 사진은 동방학연구소본에 있는 인장 부분이다.

## D64. 주서백선 朱書百選

朱書百選 / 正祖(朝鮮) 編. --金屬活字本. -- [發行地不明] : [內閣],
[正祖 18(1794)]
6卷2冊 : 四周單邊 半郭 25.2 × 17.0 cm, 有界, 10行18字, 上2葉花紋
魚尾 ; 35.5 × 22.3 cm

刊記 : 甲寅(1794)內閣活印

정조가 주희의 편지글 가운데 모범이 될 만한 글 백 편을 직접 선정하
여 엮어 만든 저술이다.

## D65.(F76) 이정전서 二程全書

二程全書 / 朱熹(宋) 編 ; 徐必達 校. --木板本. -- [發行地不明] :
[發行處不明], [發行年不明]
68卷15冊 : 四周雙邊 半郭 22.8 × 16.0 cm, 有界, 10行20字, 內向2葉
花紋魚尾 ; 31.7 × 20.7 cm

序 : 萬曆丙午(1606)徐必達

중국 송대(宋代) 성리학자 정호(程顥)와 정이(程頤) 형제의 문집을 모
아 엮은 책이다. 주희가 선별 및 편차 작업을 진행했고, 1606년에 명
나라의 학자 서필달(徐必達)이 교정하여 간행하였다.

## D94. **오륜행실도** 五倫行實圖

五倫行實圖 / 李秉模(朝鮮)...等奉命撰. --木板本. -- [發行地不明]：
[發行處不明], [哲宗 10(1859)]
1册(零本)：四周雙邊 半郭 21.8 × 14.2 cm, 有界, 10行20字, 上下向
黑魚尾；30.5 × 19.3 cm

유교의 윤리를 교육하기 위한 목적의 윤리 지침서이다. 이병모(李秉
模, 1742~1806)가 정조의 어명을 받아 기존의 저술인 <삼강행실도(三
綱行實圖)>와 <이륜행실도(二倫行實圖)>를 저본으로 새로운 내용과
그림을 덧붙여 간행하였다.

## C12. **이언** 易言

易言 / 김재국(朝鮮) 編. --筆寫本. -- [貞洞]：[김재국], [高宗
24(1887)]
1册；25.2 × 20.0 cm

한글본임

주한 영국공사 애스턴의 한국어 학습을 위해 그의 한국어 교사였던
김재국이 만들어준 우리말 단어 및 숙어 정리집이다.

## C14. **이언** 易言

易言 / 김재국(朝鮮) 編. --筆寫本. -- [發行地不明] : [發行處不明], [發行年不明]
4卷1册 ; 27.2 × 19.8 cm

한글본임

주한 영국공사 애스턴의 한국어 학습을 위해 그의 한국어 교사였던 김재국이 만들어준 우리말 단어 및 숙어 정리집이다.

## D31.(G53) **평양지** 平壤志

平壤志 / 尹斗壽(朝鮮) 編. --木板本. -- [平壤] : [箕營], [哲宗 6(1855)]
9卷2册(零本) : 四周單邊 半郭 24.2 × 16.7 cm, 有界, 10行21字, 上黑魚尾 ; 34.0 × 22.0 cm

평양의 강역(疆域), 연혁, 성지, 군명, 풍속, 형승, 산천, 누정(樓亭), 사묘(祠廟), 공서(公署), 창저(倉儲), 학교, 고적, 직역(職役), 병제, 역체(驛遞), 교량, 토산물, 사우(寺宇), 호구(戶口), 역대 인물 등을 다룬 책이다.

## D32.(F54) **평양속지** 平壤續志

平壤續志 / 尹斗壽(朝鮮) 編. ――木板本. ―― [平壤] : [箕營], [光武 1(1897)]

5卷2冊 : 四周單邊 半郭 24.3 × 17.0 cm, 有界, 10行21字, 上黑魚尾 ; 34.2 × 22.0 cm

序 : 皇明萬曆十八年庚寅(1590)七月吉...尹斗壽序

續志序 : 庚戌(1730)仲春壺産後人宋寅明書

刊記 : 續志丁酉(1897)孟春 箕營重刊

<평양지>의 저자인 윤두수의 6세손인 윤유(尹游, 1674~1737)가 <평양지>를 저본으로 증보하여 새롭게 편찬한 읍지이다.

## D78. **동래읍지** 東萊邑誌

東萊邑誌 / ――筆寫本. ―― [發行地不明] : [發行處不明], [發行年不明]

1冊 ; 31.0 × 21.5 cm

이 자료는 기관의 자료 보관 상태에 따라 촬영할 수 없었다.

동래의 강역(疆域), 연혁, 성지, 군명, 풍속, 형승, 산천, 누정(樓亭), 사묘(祠廟), 공서(公署), 창저(倉儲), 학교, 고적, 직역(職役), 병제, 역체(驛遞), 교량, 토산물, 사우(寺宇), 호구(戶口), 역대 인물 등을 다룬 책이다.

## K18. **남성지** 南城誌

南城誌 / ――筆寫本. ―― [發行地不明] : [發行處不明], [發行年不明]
1冊 ; 34.3 × 20.5 cm

이 자료는 기관의 자료 보관 상태에
따라 촬영할 수 없었다.

경기도 광주의 강역(疆域), 연혁, 성지, 군명, 풍속, 형승, 산천, 누정
(樓亭), 사묘(祠廟), 공서(公署), 창저(倉儲), 학교, 고적, 직역(職役),
병제, 역체(驛遞), 교량, 토산물, 사우(寺宇), 호구(戶口), 역대 인물 등
을 다룬 책이다.

## K17. **동국지도** 東國地圖

東國地圖 / ――筆寫本. ―― [發行地不明] : [發行處不明], [發行年不明]
1帖(10枚) ; 33.8 × 17.3 cm

朝鮮總圖, 京畿湖西, 湖南, 嶺南, 嶺東, 海西, 關西, 關南, 關北, 都城
채색(彩色)본임

조선 팔도의 강역과 주요 도시 등을 기록한 지도이다.

## D10.(G10)  동의보감 東醫寶鑑

東醫寶鑑 / 許浚(朝鮮) 纂. --木板本. -- [完州] : [完營], 純祖 14(1814)]

23卷25册 : 挿圖, 四周雙邊 半郭 23.0 × 16.5 cm, 有界, 10行21字, 內向2葉花紋魚尾 ; 35.2 × 22.4 cm

序 : 萬曆四十一(癸丑, 1613)…李希憲
刊記 : 歲甲戌(1814)仲冬內醫院校正完營重刊

허준(許浚, 1546~1615)이 지은 의서이다. 1596년에 편찬을 시작하여 1610년에 완성되었다. 이 책은 내의원에서 교정을 하고 완영(完營)에서 1814년에 간행한 완영중간본이다.

## D11.(F93)  편주의학입문내집 編註醫學入門內集

編註醫學入門內集 / 李梴(明) 著. --木板本. -- [發行地不明] : [內局], [純祖 18(1818)]

19卷7册 : 四周雙邊 半郭 23.7 × 17.8 cm, 有界, 10行19字, 上下向2葉花紋魚尾 ; 31.6 × 28.0 cm

引 : 萬曆乙亥(1575)
後 : 上之20年庚辰(1820)…金履喬謹識
刊記 : 內局重校戊寅(1818)改刊

중국 명대(明代)의 의원이었던 이천(李梴)이 편찬한 의학 입문 서적이다.

## B2-Ⅰ(1). 숙영낭자전

슉[슉]영낭ᄌ[자]젼[전] / ――木板本. ―― [漢陽] : [紅樹洞], [庚申]
1册(28張) ; 21.5 × 16.0 ㎝

---

京板本
刊記 : 庚申二月紅樹洞新刊

<숙영낭자전>은 작자 연대 미상의 고소설로 애정전기소설로 분류된
다. 경판 방각본 소설로 전체 28장본이다.

## B2-Ⅰ(2). 소대성전

쇼[소]디[대]셩[성]젼[전] / ――木板本. ―― [漢陽] : [發行處不明], [發行
年不明]
1册(36張) ; 21.5 × 16.0 ㎝

---

京板本

<소대성전>은 작자 연대 미상의 고소설로 영웅-군담소설로 분류된
다. 경판 방각본 소설로 전체 36장본이며 간기는 없다.

## 85.3

### B2-I(3). **조웅전**

됴[조]웅젼[전] / --木板本. -- [漢陽] : [發行處不明], [發行年不明]
1冊(31張) ; 21.5 × 16.0 cm

---

京板本

---

<조웅전>은 작자 연대 미상의 고소설로 영웅-군담소설로 분류된다.
경판 방각본 소설로 전체 31장본이며 간기는 없다.

## 85.4

### B2-I(4). **심청전**

심청[청]젼[전] / --木板本. -- [漢陽] : [發行處不明], [發行年不明]
1冊(26張) ; 21.5 × 16.0 cm

---

京板本

---

<심청전>은 작자 연대 미상의 고소설로 판소리계 소설로 분류된다.
경판 방각본 소설로 전체 26장본이며 간기는 없다.

## B2-Ⅰ(5). 금방울전

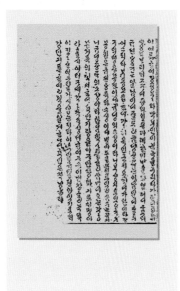

금방울젼[전] / ――木板本. ―― [漢陽] : [發行處不明], [發行年不明]
1冊(28張) ; 21.5 × 16.0 cm

---

京板本

---

<금방울전>은 작자 연대 미상의 고소설로 영웅―군담소설로 분류된
다. 경판 방각본 소설로 전체 28장본이며 간기는 없다.

## B2-Ⅱ(1). 임장군전

님[임]쟝[장]군젼[전] / ――木板本. ―― [漢陽] : [發行處不明], [發行年不
明]
1冊(27張) ; 21.5 × 16.0 cm

---

京板本

---

<임장군전>은 작자 연대 미상의 고소설로 영웅―군담소설로 분류된
다. 경판 방각본 소설로 전체 27장본이며 간기는 없다.

## B2-Ⅱ(2). 적성의전

젹[적]셩[성]의젼[전] / --木板本. -- [漢陽] : [發行處不明], [發行年不明]

1册(31張) ; 21.5 × 16.0 cm

京板本

<적성의전>은 작자 연대 미상의 고소설로 영웅-군담소설로 분류된다. 경판 방각본 소설로 전체 31장본이며 간기는 없다.

## B2-Ⅱ(3). 장풍운전

쟝[장]풍운젼[전] / --木板本. -- [漢陽] : [發行處不明], [發行年不明]

1册(31張) ; 21.5 × 16.0 cm

京板本

<장풍운전>은 작자 연대 미상의 고소설로 영웅-군담소설로 분류된다. 경판 방각본 소설로 전체 31장본이며 간기는 없다.

## B2-Ⅲ(1). 계몽편언해 啓蒙篇諺解

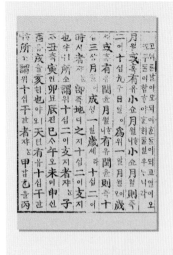

啓蒙篇諺解 / ーー木板本. ーー [漢陽] : [發行處不明], [發行年不明]
1册(24張) ; 21.5 × 16.0 cm

---

京板本

---

<계몽편언해>는 초학자들을 위한 한문교과서이다. 경판 방각본 소설
로 전체 24장본이며 간기는 없다.

---

## B2-Ⅲ(2). 언간독 諺簡牘

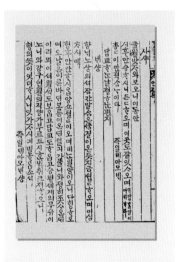

諺簡牘 / ーー木板本. ーー [漢陽] : [發行處不明], [發行年不明]
1册(30張) ; 21.5 × 16.0 cm

---

京板本

---

일상생활에 필요한 문서나 편지 등에 대한 모범 사례를 정리해 놓은
책이다. 경판 방각본으로 전체 30장본이며 간기는 없다.

---

87.3

## B2-Ⅲ(3).  구운몽

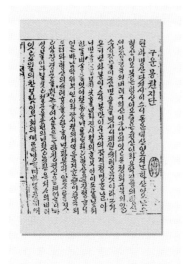

구운몽 / ――木板本. ―― [漢陽] : [孝橋], [發行年不明]

1冊(32張) ; 21.5 × 16.0 cm

---

京板本

刊記 : 孝橋新刊

<구운몽>은 성진과 팔선녀의 애정, 인간으로 환생한 양소유의 영웅
담을 서술한 고소설이다. 경판 방각본 소설로 전체 32장본이다.

87.4

## B2-Ⅲ(4).  진대방전

진대방전[전] / ――木板本. ―― [漢陽] : [發行處不明], [發行年不明]

1冊(28張) ; 21.5 × 16.0 cm

---

京板本

<진대방전>은 작자 연대 미상의 고소설로 윤리, 교훈소설로 분류된
다. 경판 방각본 소설로 전체 28장본이며 간기는 없다.

## B2-Ⅲ(5).  내훈제사

늬[내]훈졔[졔]ᄉ[사] / 木板本. [漢陽] : [發行處不明], [發行年不明]

1冊(12張) ; 21.5 × 16.0 cm

---

京板本

<내훈제사>는 <진대방전>에 합철된 작품으로 삼강오륜을 다루고 있다. 경판 방각본 소설로 전체 12장본이며 간기는 없다.

## B2-Ⅲ(6).  용문전

뇽[용]문젼[전] / 木板本. [漢陽] : [發行處不明], [發行年不明]

1冊(25張) ; 21.5 × 16.0 cm

---

京板本

<용문전>은 작자 연대 미상의 고소설로 영웅─군담소설로 분류된다. 경판 방각본 소설로 전체 25장본이며 간기는 없다.

## B2-Ⅳ(1). 양풍전

양풍전[전] / ――木板本. ―― [漢陽]：[發行處不明], [發行年不明]
1册(25張)；21.5 × 16.0 cm

---

京板本

---

<양풍전>은 작자 연대 미상의 고소설로 영웅―군담소설로 분류된다. 경판 방각본 소설로 전체 25장본이며 간기는 없다.

## B2-Ⅳ(2). 백학선전

빅[백]학션[선]젼[전] / ――木板本. ―― [漢陽]：[發行處不明], [發行年不明]
1册(24張)；21.5 × 16.0 cm

---

京板本

---

<백학선전>은 작자 연대 미상의 고소설로 영웅―군담소설로 분류된다. 경판 방각본 소설로 전체 24장본이며 간기는 없다.

## B2-IV(3).  남훈태평가

남훈틱[태]평가 / --木板本. -- [漢陽] : [石洞], [癸亥]
1册(25張) ; 21.5 × 16.0 cm

---

京板本
刊記 : 癸亥石洞新刊

<남훈태평가>는 작자 연대 미상의 가집(歌集)이다. 경판 방각본으로
전체 25장본이다.

## B2-IV(4).  숙향전

슉[숙]향젼[전] / --木板本. -- [漢陽] : [冶洞], [戊午]
2卷2册(33張-30張) ; 21.5 × 16.0 cm

---

京板本
刊記 : 戊午九月冶洞新板

<숙향전>은 작자 연대 미상의 고소설로 애정전기소설로 분류된다.
경판 방각본 소설로 전체 2권2책본이다.

## 88.1

### B2-V(1).  임진록

이 자료는 기관의 자료 보관 상태에
따라 촬영할 수 없었다.

님[임]진녹[록] / -- 木板本. -- [漢陽] : [發行處不明], [發行年不明]
3卷3册 ; 21.5 × 16.0 cm

---

京板本

---

<임진록>은 작자 연대 미상의 고소설로 역사소설로 분류되는 작품이
다. 경판 방각본 소설로 전체 3권3책본이며 간기는 없다. 각 권은 각
각 28장으로 되어 있다.

## 88.2

### B2-V(2).  설인귀전

셜[설]인귀젼[전] / -- 木板本. -- [漢陽] : [發行處不明], [發行年不明]
1册(30張) ; 21.5 × 16.0 cm

---

京板本

---

<설인귀전>은 작자 미상의 고소설로 영웅-군담소설로 분류된다. 경
판 방각본 소설로 전체 30장본이며 간기는 없다.

## B2-V(3).  장화홍련전

장화홍련전[전] / --木板本. -- [漢陽] : [發行處不明], [發行年不明]
1册(28張) ; 21.5 × 16.0 cm

---

京板本

---

<장화홍련전>은 작자 연대 미상의 고소설로 계모형 가정소설로 분류
된다. 경판 방각본 소설로 전체 28장본이며 간기는 없다.

## B2-VI(1).  유합 類合

類合 / --木板本. -- [漢陽] : [發行處不明], [發行年不明]
1册(22張) ; 21.5 × 16.0 cm

---

京板本

---

<유합>은 한자, 한문을 쉽게 접할 수 있도록 만든 초학자용 교과서이
다. 경판 방각본으로 전체 22장본이며 간기는 없다.

## B2-Ⅵ(2).  흥부전

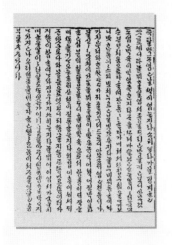

흥부젼[전] / --木板本. -- [漢陽] : [發行處不明], [發行年不明]
1冊(25張) ; 21.5 × 16.0 cm

---

京板本

<흥부전>은 작자 연대 미상의 고소설로 판소리계 소설로 분류된다. 경판 방각본 소설로 전체 25장본이며 간기는 없다.

## B2-Ⅵ(3).  춘향전

츈[춘]향젼[전] / --木板本. -- [漢陽] : [發行處不明], [發行年不明]
1冊(30張) ; 21.5 × 16.0 cm

---

京板本

<춘향전>은 작자 연대 미상의 고소설로 판소리계 소설, 애정소설로 분류된다. 경판 방각본 소설로 전체 30장본이며 간기는 없다.

## B2-Ⅵ(4). 당태종전

당틱[태]종뎐[전] / ――木板本. ―― [漢陽]: [發行處不明], [發行年不明]
1冊(26張) ; 21.5 × 16.0 cm

京板本

<당태종전>은 작자 연대 미상의 고소설로 <서유기>에서 분화된 소설로 분류된다. 경판 방각본 소설로 전체 26장본이며 간기는 없다.

## B2-Ⅵ(5). 옥주호연

옥주호연 / ――木板本. ―― [漢陽] : [武橋], [辛亥]
1冊(29張) ; 21.5 × 16.0 cm

京板本
刊記 : 辛亥元月武橋新刊

<옥주호연>은 작자 연대 미상의 고소설로 여성영웅소설로 분류된다. 경판 방각본 소설로 전체 29장본이다.

## 90.1

### B2-Ⅶ(1). 신미록

신미녹[록] / ――木板本. ―― [漢陽] : [紅樹洞], [辛酉]
1册(32張) ; 21.5 × 16.0 cm

---

京板本
刊記 : 辛酉二月日紅樹洞新板

&lt;신미록&gt;은 작자 연대 미상의 고소설로 홍경래(洪景來, 1771~1812)
의 난을 다루고 있어 역사소설로 분류된다. 경판 방각본 소설로 전체
32장본이다.

## 90.2

### B2-Ⅶ(2). 삼설기

삼설[설]긔[기] / ――木板本. ―― [漢陽] : [發行處不明], [發行年不明]
1册(26張) ; 21.5 × 16.0 cm

---

京板本

&lt;삼설기&gt;는 작자 연대 미상의 고소설로 여러 편의 이야기를 수록한
책이다. 경판 방각본 소설 &lt;삼설기&gt;의 권2로 전체 26장본이며 간기
는 없다.

## B2-Ⅶ(3). **삼설기**

삼셜[설]긔[기] / ――木板本. ―― [漢陽] : [油洞], [戊申]
1册(26張) ; 21.5 × 16.0 cm

京板本
刊記 : 戊申十一月日油洞新刊

<삼설기>는 작자 연대 미상의 고소설로 여러 편의 이야기를 수록한 책
이다. 경판 방각본 소설 <삼설기>의 권3(권지하)로 전체 26장본이다.

## B2-Ⅶ(4). **삼국지**

삼국지 / ――木板本. ―― [漢陽] : [紅樹洞], [己未]
1册(30張) ; 21.5 × 16.0 cm

京板本
刊記 : 己未孟夏紅樹洞新刊

<삼국지>는 중국역사소설 <삼국지연의>를 한글로 번역한 것이다.
경판 방각본 소설로 전체 30장본이다.

## B3. 최충전 崔忠傳

崔忠傳 / --新活鉛字本. -- [發行地不明] : [發行處不明], [高宗 20(1883)]

1冊(45張) : 四周雙變 半郭 20.5 × 12.1 cm, 無界, 行字數不定, 上下 向黑魚尾 ; 23.7 × 16.7 cm

刊記 : 大朝鮮國紀元四百九十二年癸未(1883)八月印行

<최충전>은 최치원(崔致遠, 857~미상)을 주인공으로 한 설화에 가까운 고소설이다.

## B25. 설인귀전

셜[설]인귀젼[전] / --木板本. -- [漢陽] : [發行處不明], [發行年不明]

1冊(30張) ; 23.5 × 18.5 cm

京板本

<설인귀전>은 작자 미상의 고소설로 영웅-군담소설로 분류된다. 경판 방각본 소설로 전체 30장본이며 간기는 없다.

## C52. 설인귀전

셜[셜]인귀젼[전] / --木板本. -- [漢陽] : [경성], [發行年不明]
1冊(40張) ; 26.7 × 20.0 cm

---

京板本
刊記 : 경성개간

<설인귀전>은 작자 미상의 고소설로 영웅-군담소설로 분류된다. 경판 방각본 소설로 전체 40장본이다.

## B27. 소대성전

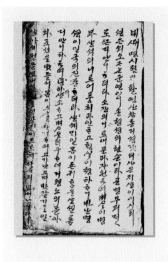

쇼[소]디[대]셩[성]젼[전] / --筆寫本. -- [發行地不明] : [發行處不明], [發行年不明]
1冊(49張) ; 22.3 × 15.5 cm

---

<소대성전>은 작자 연대 미상의 고소설로 영웅-군담소설로 분류된다. 필사본으로 전체 49장본이다.

## D82.  소대성전

쇼[소]되[대]셩[성]젼[전] / ――木板本. ―― [漢陽] : [發行處不明], [發行
年不明]
1冊(24張) ; 30.6 × 20.5 cm

---

京板本

<소대성전>은 작자 미상의 고소설로 영웅-군담소설로 분류된다. 묄
렌도르프의 소장본이었다. 경판 방각본 소설로 전체 24장본이며 간기
는 없다.

## C54.  소대성전

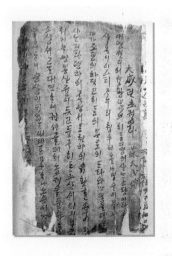

쇼[소]되[대]셩[성]젼[전] / ――筆寫本. ―― [發行地不明] : [發行處不明],
[發行年不明]
1冊(67張) ; 26.8 × 18.5 cm

---

<소대성전>은 작자 미상의 고소설로 영웅-군담소설로 분류된다. 묄
렌도르프의 소장본이었다. 필사본으로 전체 67장이다.

## C69. 소대성전

쇼[소]딕[대]셩[성]젼[전] / ‐‐筆寫本. ‐‐ [發行地不明] : [發行處不明],
[發行年不明]
1冊(44張) ; 26.5 × 18.5 cm

<소대성전>은 작자 미상의 고소설로 영웅‐군담소설로 분류된다. 묄
렌도르프의 소장본이었다. 필사본으로 전체 44장이다.

## D83. 진대방전

진대방젼[전] / ‐‐木板本. ‐‐ [漢陽 : [發行處不明], [發行年不明]
1冊(18張) ; 26.5 × 18.5 cm

京板本

<진대방전>은 작자 연대 미상의 고소설로 윤리, 교훈소설로 분류된
다. 묄렌도르프의 소장본이었다. 경판 방각본 소설로 전체 18장본이
며 간기는 없다. 2장의 <닉훈졔스>와 합철되어 있다.

## D84. **장경전**

쟝[장]경젼[전] / ──木板本. ── [漢陽] : [美洞], [壬子]

1冊(35張) ; 30.5 × 20.5 cm

---

京板本

刊記 : 壬子七月美洞重刊

<장경전>은 작자 미상의 고소설로 영웅–군담소설로 분류된다. 묄렌도르프의 소장본이었다. 경판 방각본 소설로 전체 35장본이다.

## D85. **심청전**

심쳥[청]젼[전] / ──木板本. ── [漢陽] : [發行處不明], [發行年不明]

1冊(24張) ; 30.5 × 20.4 cm

---

京板本

<심청전>은 작자 연대 미상의 고소설로 판소리계 소설로 분류된다. 묄렌도르프의 소장본이었다. 경판 방각본 소설로 전체 24장본이며 간기는 없다.

## D86. 삼설기

삼셜[설]긔[기] / --木板本. -- [漢陽] : [油洞], [戊申]
1册(26張) ; 30.5 × 20.4 cm

---

京板本
刊記 : 戊申十一月日油洞新版

<삼설기>는 작자 연대 미상의 고소설로 여러 편의 이야기를 수록한
책이다. 묄렌도르프의 소장본이었다. 경판 방각본 소설 삼설기의 권
2(권지이)로 전체 26장본이다.

---

## D87. 홍길동전

홍길동젼[전] / --木板本. -- [漢陽] : [發行處不明], [發行年不明]
1册(24張) ; 30.5 × 20.4 cm

---

京板本

<홍길동전>은 작자 연대 미상의 고소설로 영웅-군담소설로 분류된
다. 묄렌도르프의 소장본이었다. 경판 방각본 소설로 전체 24장본이
며 간기는 없다.

## D88. 조웅전

됴[조]웅젼[전] / --木板本. -- [漢陽] : [紅樹洞], [發行年不明]
1冊(30張) ; 30.5 × 20.4 cm

---

京板本
刊記 : 紅樹洞重刊

<조웅전>은 작자 연대 미상의 고소설로 영웅−군담소설의 대표작이다.
묄렌도르프의 소장본이었다. 경판 방각본 소설로 전체 30장본이다.

## D89. 흥부전

흥부젼[전] / --木板本. -- [漢陽] : [發行處不明], [發行年不明]
1冊(25張) ; 30.5 × 20.4 cm

---

京板本

<흥부전>은 작자 연대 미상의 고소설로 판소리계 소설, 우애소설로
분류된다. 묄렌도르프의 소장본이었다. 경판 방각본 소설로 전체 25
장본이며 간기는 없다.

## D90.  양풍전

양풍젼[전] / −−木板本. −− [漢陽] : [發行處不明], [發行年不明]
1册(24張) ; 30.5 × 20.4 cm

---

京板本

---

<양풍전>은 작자 연대 미상의 고소설로 영웅−군담소설로 분류된다.
묄렌도르프의 소장본이었다. 경판 방각본 소설로 전체 24장본이며 간
기는 없다.

---

## D91.  적성의전

적[적]성[성]의젼[전] / −−木板本. −− [漢陽] : [發行處不明], [發行年不
明]
1册(23張) ; 30.5 × 20.4 cm

---

京板本

---

<적성의전>은 작자 연대 미상의 고소설로 윤리소설, 불교계소설로
분류된다. 묄렌도르프의 소장본이었다. 경판 방각본 소설로 전체 23
장본이며 간기는 없다.

---

## B34. 설원 雪冤

雪冤 / 김재국(朝鮮). ――筆寫本. ―― [漢城] : [美洞], [乙酉(1885)]
1册(17張) ; 30.5 × 20.4 cm

筆寫記 : 乙酉(1885)六月日美洞畢書

<설원>은 김재국이 애스턴을 위해 필사해 준 설화집이다. 친사간상
전, 사돈끼리 서로 싸움이라는 두 편의 이야기가 실려 있다.

## C10. 별숙향전

별숙[숙]향젼[젼] / ――筆寫本. ―― [發行地不明] : [發行處不明], [發行
年不明]
1册(93張) ; 24.0 × 14.4 cm

<별숙향전>은 작자 연대 미상의 고소설로 여주인공 숙향의 고난과
애정 성취담을 담고 있다.

## C13. Corean Tales

Corean Tales / 김재국(朝鮮). --筆寫本. -- [漢城 : [貞洞], [乙酉 (1885)]
1冊(196張) ; 30.5 × 20.4 cm

---

筆寫記 : 乙酉(1885)八月二十五日貞洞公衙書

---

<설원>과 마찬가지로 김재국이 애스턴을 위해 필사해 준 설화집이
다. 전장호를 비롯하여 여러 편의 이야기가 실려 있다.

---

## C2. 쌍천기봉

썅[쌍]쳔[천]긔[기]봉 / --筆寫本. -- [發行地不明] : [發行處不明], [甲
申(1884)]
22卷22冊 ; 22.3 × 15.8 cm

---

筆寫記 : 甲申(1884)正月日, 甲申(1884)正月十二日

---

작자, 연대 미상의 고소설로 장편가문소설로 분류된다.

## C15. 수사유문

슈[수]ᄉ[사]유문 / --筆寫本. -- [發行地不明] : [發行處不明], [發行年不明]

12卷12冊 ; 22.3 × 15.8 cm

중국소설 <수사유문>을 한글로 번역한 번역고소설이다.

## C17. 보은기우록

보은긔[기]우록 / --筆寫本. -- [漢城] : [묘동], [을유(1885)]

18卷18冊 ; 23.3 × 16.7 cm

筆寫記 : 을유(1885)졍월쵸오일묘동셔

작자, 연대 미상의 고소설로 장편가문소설로 분류된다. 세책필사본이다.

## C36. 화정선행록

화정[정]션[선]힝[행]녹[록] / --筆寫本. -- [發行地不明] : [發行處不明], [發行年不明]

15卷15冊 ; 23.5 × 16.7 cm

작자, 연대 미상의 고소설로 장편가문소설로 분류된다.

## D14. 하진양문록

하진냥[양]문녹[록] / --筆寫本. -- [漢城] : [용호], [무신(1848)]

15卷15冊 ; 23.5 × 16.7 cm

筆寫記 : 셰지무신(1848)칠월초ᄉ일

작자, 연대 미상의 고소설로 장편가문소설로 분류된다. 세책필사본으로 용호 세책점에서 필사된 것이다.

## D16. 현씨양웅쌍린기

현씨양웅썅[쌍]닌[린]긔[기] / --筆寫本. -- [發行地不明] : [發行處不明], [경오(1870)]
6卷6冊 ; 27.7 × 17.7 cm

---

筆寫記 : 경오(1870)팔월념일막필서

작자, 연대 미상의 고소설로 장편가문소설로 분류된다.

---

## C4. 동유기

동유긔[기] / --筆寫本. -- [漢城] : [묘동], [壬寅(1902)]
18卷18冊 ; 23.3 × 16.7 cm

---

筆寫記 : 壬寅年(1902)十月日

중국소설 <동유기>를 한글로 번역한 번역고소설이다. 세책필사본으로 전체 4권이 남아 있다. 壬寅年十月日에 필사되었고 대여자의 낙서를 볼 수 있다.

## C51. 남훈태평가

남훈틱[태]평가 / --木板本. -- [漢陽]: [石橋], [己未]
1册(31張); 22.5 × 17.3 cm

---

京板本
刊記: 己未石橋新刊

---

<남훈태평가>는 당시 유행했던 노래(시조, 가사)집이다. 경판 방각본으로 전체 31장본이다.

## D34.(F55)  동문선 東文選

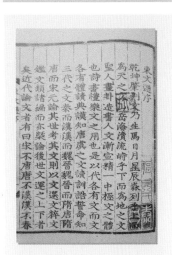

東文選 / 徐居正(朝鮮) 編著. --木板本. -- [發行地不明]: [發行處不明], [發行年不明]
46册(零本): 四周雙邊 半郭 32.0 × 20.7 cm, 有界, 10行13字 註雙行, 黑魚尾; 24.2 × 17.0 cm

---

서거정(徐居正, 1420~1488)이 왕명을 받아 우리나라의 역대 시문 가운데 뛰어난 작품들을 선별하여 엮은 시문선집이다.

## C11. 백련초해 百聯抄解

百聯抄解 / 金麟厚(朝鮮) 編. ――木板本. ―― [發行地不明] : [發行處不明], [17-18世紀]

1冊(26張) : 四周單邊 半郭 25.4 × 16.7 cm, 有界, 7行14字, 上下黑魚尾 ; 24.5 × 14.0 cm

<백련초해>는 중국의 칠언고시 가운데 연구(聯句) 백 수를 뽑아 글자마다 음과 훈을 달고 한글로 번역한 한시의 입문서이다.

## D74. 오륜가 五倫歌

五倫歌 / ――筆寫本. ―― [發行地不明] : [發行處不明], [庚戌(1850)]

1冊(11張) ; 28.5 × 16.0 cm

筆寫記 : 庚戌(1850)六月拾七日謄書

<오륜가>는 오륜을 알기 쉽게 가사로 풀이한 책이다. 사진은 책 뒷면에 있는 서간문이다.

## B26. **무제** 無題

無題 / ――筆寫本. ―― [發行地不明] : [發行處不明], [庚戌(1850)]
1冊(34張) ; 23.5 × 15.0 cm

34장의 한글필사본으로 제목도 없고 적은 분량으로만 남아있어 내용도 파악하기가 어렵다. 러시아 연구자들은 이 책을 <조자룡전>의 이본으로 소개했다.

## C57.(C68) **삼은시** 三隱詩

三隱詩 / ――木板本. ―― [發行地不明] : [發行處不明], [庚戌(1850)]
2卷2冊 ; 20.5 × 13.8 cm

당나라 때의 시인인 한산(寒山), 습득(拾得), 풍간(豊干)의 시를 한 데 모아 엮은 시선집이다. 국내에서 따로 간행한 기록은 없으며 중국 간본이 들어와 유통된 것으로 추정된다. 국내에 전하는 이본이 많지 않은 가운데, 이 책은 1850년에 작성된 것으로 보인다.

## C61.(C80) 두율 杜律

杜律 / --筆寫本. -- [發行地不明] : [發行處不明], [庚戌(1850)]
1冊(55張) ; 24.3 × 16.3 cm

원나라의 우집(虞集)이 두보(杜甫)의 시 가운데 백여 편을 골라 주석을 단 책이다. 동방학연구소본은 55장의 필사본이다.

## D47.(F81) 이충무공전서 李忠武公全書

李忠武公全書 / 李舜臣(朝鮮) 撰. --金屬活字本. -- [發行地不明] : [發行處不明], [正祖 19(1795)]
14卷8冊 : 揷圖, 四周單邊 半郭 25.2 × 17.0 cm, 有界, 10行18字, 上2葉花紋魚尾 ; 33.6 × 21.3 cm

文中 : 上 之二十九年乙卯(1795)九月十九日原任奎章閣直提學大匡輔國崇祿大夫行判中樞府使臣李秉模(1742~1806)奉敎謹書
裏題 : 忠武公全書. 內閣袞輯, 乙卯活印

이순신(李舜臣, 1545~1598)의 유고 전집이다. 시문, 조정에 올린 장계, 난중일기, 비문과 기문 등이 실려 있다. 1793년에 정조의 어명에 따라 규장각에서 편찬하기 시작하여 1795년에 완성하였다.

## D49.(F88)  일재선생집 一齋先生集

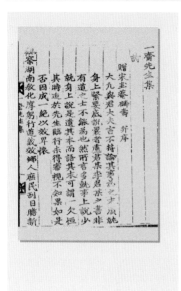

一齋先生集 / 李恒(朝鮮) 著. --木板本. -- [發行地不明] : [發行處不明], [發行年不明]

1冊 : 四周雙邊 半廓 25.2 × 17.0 cm, 有界, 10行20字, 內向2葉花紋魚尾 ; 33.6 × 21.3 cm

序 : 時崇禎紀元後癸丑(1673)…朴世采

跋 : 宋時烈

이항(李恒, 1499~1576)의 시문집이다. 저자의 5세손인 이성익(李星益)이 유고를 수습한 후 1673년 초간본이 목판으로 간행하였다. 이후 1759년 몇 편의 글을 보충하여 중간본을 목판으로 간행하였다. 이 자료는 1759년의 중간본으로 보인다.

## D49a.  일재선생속집 一齋先生續集

一齋先生續集 / 李恒(朝鮮) 著. --木板本. -- [發行地不明] : [發行處不明], [發行年不明]

1冊 : 四周雙邊 半廓 25.2 × 17.0 cm, 有界, 10行20字, 內向2葉花紋魚尾 ; 33.6 × 21.3 cm

序 : 時崇禎紀元後癸丑(1673)…朴世采

跋 : 宋時烈

이항(李恒, 1499~1576)과 관련한 글들을 후손들이 모아서 보충해 엮은 책이다. 저자의 9세손인 이동협(李東莢)이 저자와 관련한 글을 여러 다른 문집에서 참고하여 간행하였다.

## D50. **임장세고** 林庄世稿

林庄世稿 / 鄭仁睦(朝鮮) 編. ――木活字本. ―― [發行地不明] : [發行處不明], [高宗 24(1887)]

6卷2冊 : 四周雙邊 半郭 20.5 × 16.2 cm, 有界, 10行20字, 內向2葉花紋魚尾 ; 31.4 × 21.2 cm

序 : 李蓍秀

跋 : 鄭萬朝

刊記 : 辛巳(1881)家大人…越七寒暑(1887)

동래 정씨 집안 5대의 시문집을 모아 엮은 시문집이다. 정영방(鄭榮邦, 1577~1650), 정박(鄭箔, 1602~1656), 정요천(鄭堯天, 1639~1700), 정요성(鄭堯性, 1650~1724), 정도건(鄭道鍵, 1668~1740), 정태래(鄭泰來)의 시집이 실렸다.

## D51.(F90) **절곡선생유적** 節谷先生遺蹟

節谷先生遺蹟 / 金永坤(朝鮮) 編. ――木板本. ―― [發行地不明] : [發行處不明], [高宗 17(1880)]

1冊 : 四周雙邊 半郭 19.8 × 16.3 cm, 有界, 10行18字, 內向2葉花紋魚尾 ; 32.0 × 20.5 cm

序 : 崇禎五庚辰(1880)…宋近洙

임진왜란 당시 상주에서 의병을 일으켜 왜적을 물리친 공을 세웠던 김준신(金俊臣, 1561~1592)의 행적을 정리한 저술이다. 후손인 김영곤(金永坤)이 1880년에 저술하여 목판으로 간행하였다. 국내에는 이와 같은 판본이 국립중앙도서관과 계명대학교 도서관에 소장되어 있다.

## D52.(F75) 점필재집 佔畢齋集

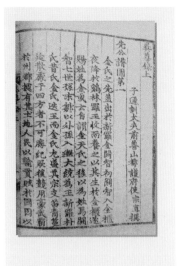

佔畢齋集 / 金宗直(朝鮮) 著. --木板本. -- [發行地不明]：[發行處不明], [發行年不明]

23卷8冊：四周單邊 半郭 22.5 × 17.3 cm, 有界, 10行19字, 內向2葉花紋魚尾 ; 32.0 × 21.0 cm

김종직(金宗直, 1431~1492)의 시문집이다. 1520년에 초간된 이래 여러 차례에 걸쳐 증보되고 중간되었다. 시집 23권, 문집 2권, 존이록 2권, 연보, 부록으로 구성되어 있다.

## D53.(F79) 서애집 西厓集

西厓集 / 柳成龍(朝鮮) 著. --木板本. -- [發行地不明]：[玉淵], [甲午(1834)]

20卷9冊：四周雙邊 半郭 21.2 × 16.0 cm, 有界, 10行20字, 上下內向2葉花紋魚尾 ; 31.0 × 21.2 cm

表題：西厓集
跋：崇禎六年癸酉(1633)暮春 玉山後人張顯光跋. 崇禎壬申(1632)九月辛未... 李埈敬跋
刊記：甲午(1834)季秋 玉淵重刊

유성룡(柳成龍, 1542~1607)의 시문집이다. 1894년 갑오년에 안동(安東)의 옥연정사(玉淵精舍)에서 재간행한 것이다.

## D54.(F71) 퇴계선생문집 退溪先生文集

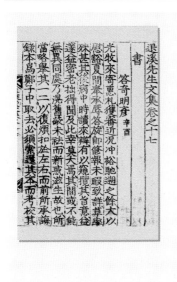

退溪先生文集 / 李滉(朝鮮) 著. --木板本. -- [發行地不明] : [發行處不明], [發行年不明]

49卷30册 : 四周雙邊 半郭 19.5 × 16.8 cm, 有界, 10行18字, 內向2葉花紋魚尾 ; 31.3 × 20.4 cm

퇴계 이황(李滉, 1501~1570)의 시문집이다. 이황의 문집은 1600년에 초간본이 간행된 이래 여러 차례에 걸쳐 중간되었다. 이 자료는 간행년을 정확히 알기 어려운 목판본이다.

## D55.(E592) 매산선생문집 梅山先生文集

이 자료는 기관의 자료 보관 상태에 따라 촬영할 수 없었다.

梅山先生文集 / 洪直弼(朝鮮) 著. --木活字本. -- [發行地不明] : [發行處不明], [高宗 3(1866)]

53卷28册 : 四周單邊 半郭 22.0 × 15.0 cm, 有界, 10行20字, 上下向4葉花紋魚尾 ; 30.6 × 19.5 cm

跋 : 崇禎四甲子(1864)仲冬門人西河 任憲晦(1811~1876)謹識
刊記 : 夏丙寅(1866)文集印行

홍직필(洪直弼, 1776~1852)의 시문집이다.

## D56.(E593)  규재유고 圭齋遺藁

圭齋遺藁 / 南秉吉(朝鮮) 編. --金屬活字本. -- [發行地不明] : [發行處不明], [高宗 1(1864)]

6卷3冊 : 四周單邊 半郭 21.4 × 14.6 cm, 有界, 10行20字, 上下向白魚尾 ; 29.5 × 19.1 cm

序 : 上之元年甲子(高宗 1, 1864)…趙斗淳. 甲子(1864)…尹定鉉

跋 : 甲子(1864)…[南秉吉

남병철(南秉哲, 1817~1863)의 시문집이다. 저자 사후인 1864년에 저자의 동생인 남병길(南秉吉)이 편집하여 금속활자(전사자)로 간행하였다.

## D57.(F85)  한음선생문고부록 漢陰先生文稿附錄

漢陰先生文稿附錄 / 李基讓(朝鮮) 編. --木活字本. -- [發行地不明] : [發行處不明], [高宗 6(1869)跋]

4卷3冊 : 四周單邊 半郭 21.4 × 14.5 cm, 有界, 10行20字, 上黑魚尾 ; 31.3 × 20.0 cm

跋 : 聖上六年己巳(1869)…李宜翼

이덕형(李德馨, 1561~1613)의 시문집 <한음선생문고(漢陰先生文稿)>의 부록이다. 문집에 실려 있지 않던 연보(年譜), 지장(誌狀), 교서(敎書), 제문(祭文) 등을 수록했다. 저자의 9대손인 이의익(李宜翼)이 1869년에 금속활자(전사자)로 간행한 판본이다.

## D58.(F73) 지수재집 知守齋集

知守齋集 / 俞拓基(朝鮮) 著. --金屬活字本. -- [發行地不明]：[發行處不明], [高宗 15(1878)跋]

15卷8冊：四周單邊 半郭 21.6 × 14.7 cm, 有界, 10行20字, 上下向黑魚尾；30.6 × 19.8 cm

序：金炳學

跋：戊寅(1878)...李㙆. 戊寅(1878)...俞致益

유척기(俞拓基, 1691~1767)의 시문집이다. 이 책은 1878년 5대손인 유치익(俞致益)이 간행한 초간본 가운데 하나이다.

## D59.(F77) 풍고집 楓皐集

楓皐集 / 金祖淳(朝鮮) 著. --金屬活字本. -- [發行地不明]：[發行處不明], [發行年不明]

16卷8冊：四周雙邊 半郭 22.7 × 15.6 cm, 有界, 10行20字, 上下向黑魚尾；31.8 × 20.2 cm

序：卽祚五載(1854)八月日

跋：上之五年甲寅(1854)...鄭元容謹撰

跋：上之五年甲寅(1854)...趙斗淳謹跋

跋：甲寅(1854)...興根謹跋

김조순(金祖淳, 1765~1831)의 시문집이다.

## D60.(F72) 백사선생집 白沙先生集

白沙先生集 / 李恒福(朝鮮) 著. --木板本. -- [大邱] : [嶺營], [丙午 (1726)]

30卷15冊 : 四周單邊 半郭 22.5 × 15.4 cm, 有界, 10行20字, 上下2葉 花紋魚尾 ; 32.0 × 20.4 cm

刊記 : 丙午(1726)仲秋嶺營新刊

이항복(李恒福, 1566~1618)의 시문집이다. 1726년 영영(嶺營)에서 간 행된 중간본이다.

## D80. 이계유집초 耳溪遺集鈔

이 자료는 기관의 자료 보관 상태에 따라 촬영할 수 없었다.

耳溪遺集鈔 / 洪良浩(朝鮮) 著. --筆寫本. -- [發行地不明] : [發行處 不明], [發行年不明]

5卷4冊 ; 31.0 × 21.5 cm

홍양호(洪良浩, 1724~1802)의 문집인 <이계집> 가운데 일부를 선별 하여 정리한 초집(抄集)이다. 홍양호의 손자인 홍경모(洪敬謨)에 의해 1843년에 간행된 사실로 보아, 이 책을 필사한 시기는 그 뒤로 추정된 다. <이계집>의 분량은 38권 17책인데 반해, 이 책은 5권 4책 분량이 다. 필사자, 정확한 필사시기는 알 수 없다.

## C39.(E591) **치암집** 恥菴集

恥菴集 / 李之濂(朝鮮) 著. --金屬活字本. -- [發行地不明] : [發行處不明], [高宗 24(1887)]
10卷5册 ; 28.6 × 17.7 cm

筆寫記 : 歲丁亥(1887)中秋咸平李壽鳳書

이지렴(李之濂, 1628~1691)의 문집이다.

## C40.(E586) **사충집** 四忠集

四忠集 / 金昌集(朝鮮) 等著. --金屬活字本. -- [發行地不明] : [發行處不明], [英祖 34(1758)]
46卷23册 : 四周雙邊 半郭 21.2 × 13.8 cm, 有界, 10行20字, 內向黑魚尾 ; 28.7 × 18.0 cm

跋 : 歲崇禎三戊寅(1758)

신임사화(辛壬士禍) 당시에 사사(賜死)당한 노론 4대신인 김창집(金昌集, 1648~1722), 이건명(李健命, 1663~1722), 이이명(李頤命, 1658~1722), 조태채(趙泰采, 1660~1722)의 문집을 합간한 책이다. 네 명의 문집을 모두 모은 46권 23책 분량이며, 금속활자인 운각인서체자로 간행하였다.

## E634 **도정절집** 陶靖節集

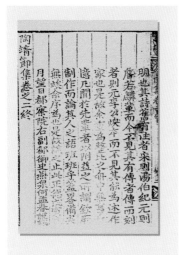

陶靖節集 / 陶潛(晉) 著. --木板本. -- [發行地不明] : [發行處不明],
[發行年不明]

2卷2冊 : 揷圖, 四周單邊 半郭 18.7 × 13.6 cm, 有界, 9行18字, 內向2
葉花紋魚尾 ; 29.8 × 19.5 cm

序 : 正德戊寅(1518)良月望日都察院右副御史燕泉何孟春謹識
序 : 正德庚辰(1520)八月之閏八月南園張志淳甫書

중국 남북조시대 진(晉)의 시인인 도잠(陶潛)의 문집이다. 이 책과 같
은 목판본이 국내의 여러 기관에 전하여 필사 이본도 다수 남아 있다.

## D8.(F83) **동국문헌비고** 東國文獻備考

東國文獻備考 / 英祖(朝鮮) 命編. --金屬活字本. -- [發行地不明] :
[發行處不明], [英祖 46(1770)]

91卷45冊(零本) : 四周雙邊 半郭 21.5 × 15.5 cm, 10行20字, 上下向2
葉花紋魚尾 ; 32.5 × 20.7 cm

卷首 : 御製序…歲庚寅(1770)卽阼四十六年… 徐命膺奉敎謹書. 御製
後序…庚寅(1770)徐命膺 奉敎謹書. 乾隆三十五年…金致仁進箋

영조의 명을 받아 홍봉한(洪鳳漢, 1713~1778)이 편찬한 저술이다. 조
선의 문물과 제도 전반을 총망라하여 정리하고 기록한 일종의 백과사
전식 저술이다. 이 책은 1770년 운각활자로 간행한 초간본인데 일부
만 남은 영본(零本)이다.

## D99.(E589)  동국문헌비고 東國文獻備考

東國文獻備考 / 英祖(朝鮮) 命編. --金屬活字本. -- [發行地不明] :
[發行處不明], [英祖 46(1770)]
3卷1册(零本) : 四周雙邊 半郭 22.0 × 13.5 cm, 10行20字, 上下向2葉
花紋魚尾 ; 35.0 × 18.5 cm

영조의 명을 받아 홍봉한(洪鳳漢, 1713~1778)이 편찬한 저술이다. 조
선의 문물과 제도 전반을 총망라하여 정리하고 기록한 일종의 백과사
전식 저술이다.

## C5.  무제 無題

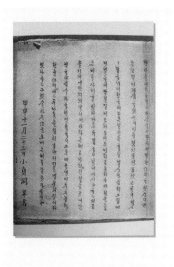

無題 / 박정식(朝鮮) 著. --筆寫本. -- [漢城] : [貞洞], [甲申(1884)]
1册 ; 29.0 × 24.8 cm

筆寫記 : 甲申(1884)十一月二十三日小貞洞

애스턴의 조선어(한글) 공부를 위해 조선어 교사였던 박정식이 필사
해 놓은 책으로, 한글 단어, 문장 등을 수록해 놓은 것이다.

## B4. **Manual of Korea**

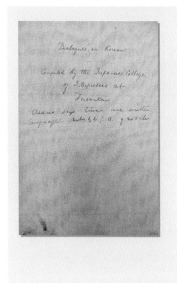

Manual of Korea / 浦瀨岩次郎(日本) 編. --筆寫本. -- [發行地不明]
: [發行處不明], [天保十二辛丑(1841)]
4卷4冊 ; 24.0 × 17.0 cm

---

筆寫記 : 天保十二辛丑年(1841)二月二十一日

<교린수지>를 다른 제명으로 적어 놓은 것이다.

---

## C6. **강화** 講話

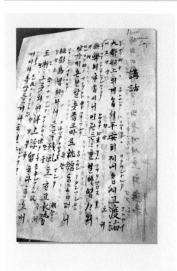

講話 / --筆寫本. -- [發行地不明] : [發行處不明], [發行年不明]
1冊 ; 26.0 × 19.6 cm

---

조선과 일본의 관리들 간의 대화형식으로 저술한 한국어 학습 교재
이다.

---

## C16. **교린수지** 交隣須知

交隣須知 / 雨森芳洲(日) 編. --筆寫本. -- [發行地不明] : [發行處不明], [發行年不明]

1冊 ; 26.6 × 20.0 cm

---

일본 에도[江戶] 시대에서부터 메이지[明治] 시대에 걸쳐 가장 널리 이용된 한국어 학습서이다. 아메노모리 호슈(雨森芳洲, 1668~1755)가 저술하였다. 이 책은 필사본이다.

---

## C66. **한어훈몽** 韓語訓蒙

韓語訓蒙 / 박현각(朝鮮) 編. --筆寫本. -- [發行地不明] : [發行處不明], [明治 5(1871)]

1冊 ; 25.8 × 19.7 cm

---

筆寫記 : 明治五年(1871)二月十二日

<한어훈몽>은 에도 시대에 일본에서 조선어를 학습하기 위해 만든 학습서이다. 이 자료는 1871년 박현각이 애스턴에게 필사해 준 것이다.

## C67. 표민대화 漂民對話

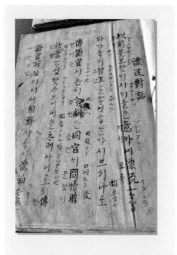

漂民對話 / 姜蘇淳(朝鮮) 編. --筆寫本. -- [發行地不明] : [姜蘇淳],
[嘉永 7(1854)]
2卷2冊 ; 26.3 × 20.3 cm

---

筆寫記 : 嘉永七(1854)寅四月二日, 嘉永七(1854)寅五月十九日

<표민대화>는 일본에 표류한 조선인들을 일본의 관리들이 심문한 내용을 정리한 기록이다. 당시의 국어 연구, 표류민 처리, 선박의 역사 등을 연구하는 데 있어서 귀중한 자료이다. 1854년에 강소순(姜蘇淳)이 필사했다는 필사기가 있다.

## C7. 화어유초 華語類抄

華語類抄 / --木板本. -- [發行地不明] : [發行處不明], [發行年不明]
1冊 : 四周單邊 半郭 19.5 × 14.7 cm, 有界, 14行24字, 上2葉花紋魚尾 ; 27.4 × 18.1 cm

---

<화어유초>는 중국어에 대응하는 우리말을 정리하여 수록한 대역(對譯) 어휘집이다. 비슷한 시기에 간행한 <화음계몽>은 대화 위주의 회화서 성격이며, <화어유초>는 의미에 따라 어휘를 분류한 어휘집의 성격이 강하다.

## D17. 화음계몽언해 華音啓蒙諺解

華音啓蒙諺解 / 李應憲(朝鮮) 編. --木板本. -- [發行地不明] : [發行
處不明], [發行年不明]
2卷1冊 : 四周單邊 半郭 23.0 × 15.5 cm, 有界, 10行20字, 上下向白
魚尾 ; 29.8 × 19.6 cm

<화음계몽언해>는 학습용 중국어 회화서인 <화음계몽(華音啓蒙)>을
우리말로 번역하고 해설을 단 책이다.

## D25.(F37a) 화음계몽 華音啓蒙

華音啓蒙 / 李應憲(朝鮮) 編. --木板本. -- [發行地不明] : [發行處不
明], [1883]
2卷1冊 : 四周單邊 半郭 23.0 × 15.6 cm, 有界, 10行20字, 上白魚尾 ;
29.7 × 19.5 cm

<화음계몽>은 고종 때의 역관인 이응헌(李應憲)이 1883년에 지은 학
습용 중국어 회화서이다.

## D18.  중간노걸대언해 重刊老乞大諺解

重刊老乞大諺解 / 李洙(朝鮮) 撰. --木板本. -- [發行地不明]：[發行處不明], [發行年不明]

2卷2册：四周雙邊 半郭 22.3 × 16.5 cm, 有界, 10行20字, 上下向3葉花紋魚尾；31.3 × 20.3 cm

<중간노걸대언해>는 한어본(漢語本)인 <중간노걸대>를 다시 우리말로 풀이한 책이다. 정확한 간행 연대를 확인할 수는 없으나 언해본의 특성상 <중간노걸대>를 간행한 1795년 직후로 추정된다.

## D29.(F52)  중간노걸대 重刊老乞大

重刊老乞大 / 李洙(朝鮮) 撰. --木板本. -- [發行地不明]：[發行處不明], [正祖 19(1795)]

1册：四周雙邊 半郭 22.8 × 16.7 cm, 有界, 10行20字, 上下向3葉花紋魚尾；29.7 × 20.0 cm

卷首：校檢官...李洙[等諸臣銜名]
刊記：乙卯(1795)仲秋本院重刊

<노걸대>는 조선시대 사역원의 역관(譯官)을 위한 중국어 학습서이다. <중간노걸대>는 정조(正祖) 때 왕명에 따라 <노걸대>를 교정하고 다시 간행한 책이다.

## C49. **천자문** 千字文

千字文 / 周興嗣(梁) 撰. ––木板本. –– [發行地不明]：[發行處不明],
[發行年不明]

1冊(32張)：四周單邊 半郭 20.0 × 15.3 cm, 有界, 4行4字, 上下內向
花紋魚尾；26.0 × 18.5 cm

<천자문>은 한자(漢字), 한문(漢文)을 쉽게 접할 수 있도록 만든 초학
자용 교과서이다. 중국 양(梁)나라 때의 주흥사(周興嗣)가 사언고시(四
言古詩) 250구(句)의 형태로 모두 1000자를 만들었다.

## C49a. **천자문** 千字文

千字文 / 周興嗣(梁) 撰. ––木板本. –– [發行地不明]：[發行處不明],
[發行年不明]

1冊(32張)：四周單邊 半郭 20.0 × 15.3 cm, 有界, 4行4字, 上下內向
花紋魚尾；26.0 × 18.5 cm

C49.와 동일한 자료이다.

## C50. 유합 類合

類合 / ――木板本. ―― [發行地不明] : [發行處不明], [發行年不明]
1册(22張) : 四周單邊 半郭 21.7 × 17.3 cm, 有界, 5行6字, 上下內向
黑魚尾 ; 26.0 × 19.4 cm

<유합>은 어린 학생들이 <천자문>을 뗀 후에 배우는 한자 및 한문
입문서 가운데 하나이다. 한자를 수량 또는 방위 등 종류별로 나누
어 음과 뜻을 붙인 방식으로 되어 있어서 어린 학생들의 학습에 편
리했다.

## D75. 유합 類合

類合 / ――木板本. ―― [發行地不明] : [發行處不明], [發行年不明]
1册(65張) ; 29.8 × 26.2 cm

C50.과 내용이 동일한 자료이다.

## C64. 동몽선습 童蒙先習

童蒙先習 / 朴世茂(朝鮮) 編. --木板本. -- [發行地不明] : [發行處不明], [發行年不明]
1冊(17張) : 四周雙邊 半郭 22.0 × 16.4 cm, 有界, 7行15字, 內向2葉花紋魚尾 ; 27.5 × 19.2 cm

<동몽선습>은 어린 학생들이 가장 먼저 배워야했던 학습 교재이다. 윤리와 역사를 주 내용으로 하는 조선시대의 대표적인 학습서 가운데 하나였다.

## D15. 삼운성휘 三韻聲彙

三韻聲彙 / 洪啓禧(朝鮮) 編. --木板本. -- [發行地不明] : [芸閣], [辛未(1751)]
2卷2冊 : 四周雙邊 半郭 22.3 × 16.1 cm, 有界, 9行19字, 上下向2葉花紋魚尾 ; 34.2 × 22.0 cm

附 : 凡例, 洪武韻字母之圖, 諺字初中終聲之圖, 目錄, 한글表音
卷頭 : 序 : 上之二十七年辛未(1751)...金在魯
卷末 : 跋 : 上之二十七年辛未(1751)...洪啓禧
刊記 : 辛未(1751)季夏芸閣開板
<삼운성휘>는 1751년에 홍계희(洪啓禧, 1703~1771)가 기존에 활용하던 운서(韻書)인 <삼운통고(三韻通考)>, <사서통해(四書通解)>, <홍무정운(洪武正韻)> 등의 운서를 참고로 하여 저술한 책이다. 이 책은 1751년에 운각에서 간행한 초간 목판본이다.

## D20. 전운옥편 全韻玉篇

全韻玉篇 / ――木板本. ―― [發行地不明]：[發行處不明], [發行年不明]
2卷2冊：四周雙邊 半郭 21.5 × 15.4 cm, 有界, 10行字數不定, 上下向
黑魚尾；35.0 × 20.3 cm

<강희자전(康熙字典)>의 체재를 본떠 만든 한자 사전으로, <규장전운(奎章全韻)>에 수록한 한자를 설명하기 위한 부록의 성격으로 만든 것이다. <규장전운> 간행 직후인 19세기 초반에 만든 것으로 보인다.

## D46.(E594) 전운옥편 全韻玉篇

全韻玉篇 / ――木板本. ―― [漢陽]：[油洞], [庚戌(1850)]
2卷2冊：四周雙邊 半郭 21.5 × 15.4 cm, 有界, 10行字數不定, 上下向
黑魚尾；35.0 × 20.3 cm

刊記：庚戌(1850)仲秋油洞重刊

<강희자전(康熙字典)>의 체재를 본떠 만든 한자 사전으로, <규장전운(奎章全韻)>에 수록한 한자를 설명하기 위한 부록의 성격으로 만든 것이다. 이 책은 경술중추(庚戌仲秋) 유동중간(由洞重刊)이라는 간기(刊記)로 보아 1850년에 간행된 방각본이다.

## D95. **전운옥편** 全韻玉篇

全韻玉篇 / --木板本. -- [發行地不明]: [發行處不明], [發行年不明]
2卷1冊: 四周雙邊 半郭 21.3 × 15.4 cm, 有界, 10行字數不定, 上下向
黑魚尾; 29.5 × 20.0 cm

<강희자전(康熙字典)>의 체재를 본떠 만든 한자 사전으로, <규장전
운(奎章全韻)>에 수록한 한자를 설명하기 위한 부록의 성격으로 만든
것이다.

## D96. **어정규장전운** 御定奎章全韻

御定奎章全韻 / 正祖(朝鮮) 命編. --木板本. -- [發行地不明]: [發行
處不明], [發行年不明]
2卷1冊: 四周雙邊 半郭 22.0 × 15.8 cm, 有界, 行字數不定, 上白魚尾
; 36.0 × 22.5 cm

정조의 명을 받아 이덕무(李德懋, 1741~1793) 등이 편찬한 운서(韻書)
이다. 우리나라식 한자음과 중국에서 사용하는 한자음을 함께 표시하
였다. 1796년 초간 이후 각 지방에서 잇달아 간행했기 때문에 이본이
다수 전한다.

## A1. 상례초언해 喪禮抄諺解

喪禮抄諺解 / ――木板本. ―― [發行地不明] : [發行處不明], [發行年不明]

1册(30張) : 四周單邊 半郭 15.0 × 10.5 cm, 有界, 8行16字, 上下內向黑魚尾 ; 17.6 × 11.5 cm

상례(喪禮)에 관한 중요한 사항들을 발췌하여 우리말로 언해한 책이다. 19세기 중후반 경에 간행된 것으로 추정되며 목판본 자료가 소수 전한다.

## A2. 주공해몽서 周公解夢書

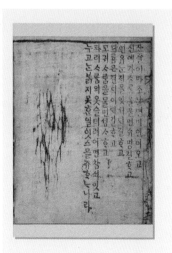

周公解夢書 / ――木板本. ―― [發行地不明] : [發行處不明], [發行年不明]

1册(35張) : 四周單邊 半郭 15.9 × 10.7 cm, 有界, 15行字數不定, 上下2葉花紋魚尾 ; 17.6 × 11.5 cm

꿈을 풀이하는 해몽서이다. 하늘, 해, 별, 구름, 눈, 바람, 나무 등의 자연 현상, 신체, 남녀, 손발, 의복, 우물, 부엌 등의 주제별로 꿈을 제시하고 이에 대한 풀이를 설명하였다. 이 책은 프랑스 동양언어문화학교 소장 목판본과 동일본인데, 국내에서 다른 목판본을 찾기는 어렵다.

## B5. 규합총서 閨閤叢書

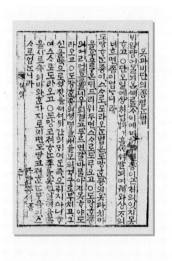

閨閤叢書 / --木板本. -- [發行地不明] : [發行處不明], [發行年不明]
1冊(20張) : 四周單邊 半郭 20.8 × 14.0 cm, 有界, 12行24字, 上黑魚
尾 ; 25.0 × 15.8 cm

빙허각 이씨(憑虛閣李氏, 1759~1824)가 부녀자들을 위해 가정생활
의 지침을 기록한 19세기 초반의 저술이다. 일종의 가정백과사전이
라고 할 수 있다. 이 책은 국립중앙도서관 소장본과 같은 단책 20장
의 목판본이다.

## D98. 대한광무이년세차무술명시력 大韓光武二年歲次戊戌明時曆

大韓光武二年歲次戊戌明時曆 / --木板本. -- [發行地不明] : [發行
處不明], [發行年不明]
1冊(16張) : 揷圖, 四周單邊 半郭 21.7 × 12.4 cm, 有界, 行字數不定,
黑口, 上下內向白魚尾 ; 32.3 × 17.8 cm

국호를 대한제국으로 고치면서 <시헌서(時憲書)>를 대신하여 새롭게
사용한 역서(曆書)가 <명시력(明時曆)>이다. 명시력은 1897년(광무1)
부터 사용되기 시작하였는데, 이 책은 그 두 번째 해인 1898년을 기록
한 책이다.

## C34.(E595) 간례휘찬 簡禮彙纂

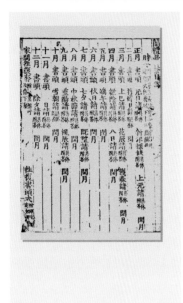

簡禮彙纂 / −−木板本. −− [發行地不明] : [發行處不明], [發行年不明]
1冊(63張) : 四周單邊 半郭 21.7 × 17.0 cm, 有界, 15行字數不定, 上
下向2葉花紋魚尾 ; 30.0 × 20.0 cm

관혼상제(冠婚喪祭) 등의 의례에 쓰이는 각종 문서의 서식과 작성 방
법, 그리고 편지의 격식과 작성법을 기록해 놓은 일종의 지침서이다.

## C34a.(E591) 간례휘찬 簡禮彙纂

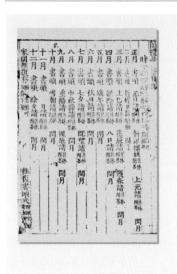

簡禮彙纂 / −−木板本. −− [發行地不明] : [發行處不明], [發行年不明]
1冊(63張) : 四周單邊 半郭 21.7 × 17.0 cm, 有界, 15行字數不定, 上
下向2葉花紋魚尾 ; 30.0 × 20.0 cm

C34.(E595)와 동일한 자료이다.

## C38.(D591) **간독정요** 簡牘精要

簡牘精要 / ――木板本. ―― [漢陽] : [由洞], [發行年不明]
1册(76張) : 四周單邊 半郭 18.5 × 13.2 cm, 有界, 12行20字, 上下向2
葉花紋魚尾 ; 24.8 × 16.5 cm

刊記 : 由洞新板

편지를 작성하는 데 있어서 필요한 정보, 투식, 어휘, 예문, 작성법
등을 한 데 모아 정리해 놓은 일종의 지침서이다. 유동신판(由洞新板)
이라는 간기가 있다.

## A7. **서간** 書簡

書簡 / 趙寅永(朝鮮) 著. ――筆寫本. ―― [發行地不明] : [發行處不明],
[丁丑(1817)]
1張 ; 57.8 × 15.4 cm

筆寫記 : 丁丑(1817)10月26日

조인영(趙寅永, 1782~1850)의 친필 서간이다. 조인영은 풍양 조씨 세
도정치의 중심인물로, 이 편지는 사람들과의 간단한 안부 인사를 담
고 있다.

## D97. 서간 書簡

書簡 / 李肇源(朝鮮) 著. --筆寫本. -- [發行地不明] : [發行處不明],
[發行年不明]
4張 ; 26.8 × 25.7 cm

이조원(李肇源, 1758~1832)의 친필 서간이다. 이조원은 정조, 순조
연간의 문신으로 글씨와 전각 등에 능했던 인물이다. 편지는 간단한
안부 인사를 담고 있다.

## K34. 조선어독본 朝鮮語讀本

朝鮮語讀本 / 朝鮮總督府 編. --新鉛活字本. -- [京城] : [朝鮮總督
府], [1913]
1冊 ; 22.1 × 15.2 cm

刊記 : 大正二年(1913)京城朝鮮總督府發行

일제강점기 일제교육령에 의거하여 만들어진 국어교과서이다. 애스
턴 소장본과는 별도로 일반 서가에서 관리되고 있다.

## K293. **소대성전**

소티[대]셩[성]젼[전] / --新鉛活字本. -- [京城] : [永昌書館], [1925]
1冊(16張) ; 19.8 × 13.6 cm

작자, 연대 미상의 고소설로 영웅-군담소설로 분류된다. 활판본으로
영창서관(永昌書館)에서 1925년에 간행된 것이다.

## K36. **옥루몽**

옥루몽 / --新鉛活字本. -- [京城] : [永昌書館], [1933]
4卷1冊 ; 21.0 × 14.0 cm

작자, 연대 미상의 고소설로 영웅-군담소설, 애정소설 등으로 분류
된다. 활판본으로 영창서관(永昌書館)에서 1933년에 간행된 것이다.

2.2.3.

# 영국 케임브리지대학의 전적

**1**

## FJ 24.4(6). 조선판서적목록 朝鮮版書籍目錄

朝鮮版書籍目錄 / Satow(英國) 著. ――筆寫本. ―― [發行地不明] : [發行處不明], [發行年不明]

1冊 ; 24.0 × 16.0 cm

영국인 사토(Ernest Mason Satow, 1843~1929)가 조선서적을 구매하면서 작성해 놓은 필사 목록이다. 서명, 책수, 원 저술의 연대, 원 저술의 저·편자, 간행 연대, 교정자의 성명 등을 기록해 두었다.

**2**

## FK 247.5. 조선명성자림 朝鮮名姓字林

朝鮮名姓字林 / ――筆寫本. ―― [發行地不明] : [發行處不明], [發行年不明]

1冊(31張) ; 24.5 × 14.5 cm

조선의 역대 왕, 재상, 주요 관직을 정리해 놓은 책이다. 필사본으로 태조부터 고종까지 시대, 인물을 비교적 자세히 기록해 놓았다.

## FK 250.1.  **정정교린수지** 訂正交隣須知

訂正交隣須知 / ――筆寫本. ―― [發行地不明] : [發行處不明], [發行年不明]

2卷2册 ; 24.0 × 14.0 cm

---

內紙筆寫記 : 釜山敎校六級部

아메노모리 호슈(雨森芳洲, 1668~1755)가 편찬한 책으로 일본 에도 시대부터 메이지시대까지 일본에서 가장 널리 사용된 한국어 학습서이다.

---

## FK 245.6(2).  **일본어조선어대역편** 日本語ト朝鮮語ト對譯編

日本語ト朝鮮語ト對譯編 / ――筆寫本. ―― [發行地不明] : [發行處不明], [發行年不明]

1册 ; 23.0 × 15.0 cm

---

애스턴이 조선어 공부를 하면서 그에 대응하는 일본어를 1 : 1로 기술하는 방식으로 기재해 놓은 책이다. 이 책을 통하여 애스턴이 조선어(한글)를 어떻게 공부했는지 알 수 있다.

## 5

5

### FK 245.6(1). **Korean Teniwoha**

Korean Teniwoha / Aston(英國) 著. --筆寫本. -- [發行地不明]：[發行處不明], [發行年不明]
1冊(9張)；24.0 × 20.0 cm

애스턴이 조선어(한글) 공부를 하던 연습장이다. 조사, 어미, 구절 등을 배우며 이에 대한 간략한 용례와 뜻을 적어놓았다.

## 6

### FK 219.1. **조선관안** 朝鮮官案

朝鮮官案 / --筆寫本. -- [發行地不明]：[發行處不明], [發行年不明]
1冊；24.5 × 13.0 cm

購入記：W.G. Aston bought at Osaka, 1880. This book is a list of Korean officials, 200 or 300 years age. Or rather official titles. The owner probably attached the names of the persons holding the post at the time on slips of paper pasted on below. Traces of this may be seen yet.

조선의 관직을 기록한 책이다. 이름은 공란으로 남아있어 새 관리가 임용되었을 때 언제든지 써놓을 수 있게 해놓았다. 애스턴이 1880년에 오사카에서 구입했다는 구입기가 자필로 필사되어 있다.

## FJ 391.19. **조선통교총론** 朝鮮通交總論

朝鮮通交總論 / --筆寫本. -- [發行地不明] : [發行處不明], [發行年不明]

1冊 ; 24.4 × 17.7 cm

---

日漢文混用

印文 : 英國薩道藏書

조선 전기부터 후기까지 일본과의 역대 외교 관계를 정리해 놓은 책이다.

---

## FJ 24.4(1). **어학급자서부** 語學及字書附

語學及字書附 / --筆寫本. -- [發行地不明] : [發行處不明], [發行年不明]

1冊 ; 20.5 × 12.5 cm

---

애스턴이 조선어(한글) 공부를 하면서 만든 책이다. 한글 단어, 문장 등을 쓰고 그에 대한 의미를 영어로 간략하게 써놓았다.

---

## FJ 24.9. **장서목록** 藏書目錄

藏書目錄 / Aston(英國) 著. --筆寫本. -- [發行地不明] : [發行處不明], [發行年不明]
1册(33張) ; 22.4 × 12.8 cm

애스턴이 조선서적을 구매하면서 작성해 놓은 목록이다.

## FJ 24.7. **Catalogue of W.G. Aston's Collection of Japanese Books**

Catalogue of W.G. Aston's Collection of Japanese Books / Aston(英國) 著. --筆寫本. -- [發行地不明] : [發行處不明], [發行年不明]
2卷2册 ; 42.0 × 29.0 cm

洋裝本

애스턴이 수집한 장서목록 전체이다. 원래 애스턴은 슬립 형태의 메모로만 자신이 수집한 책을 기록해 놓았는데 1912년 6월에서 7월 사이에 이를 두 권의 책으로 만들었다. 권1은 1–1081번(일본서적), 권2는 B1–B897(일본서적)까지의 일본 서적에 대한 목록이다.

## FK 211.16.  **조선팔도지도** 朝鮮八道之圖

朝鮮八道之圖 / --筆寫本. -- [發行地不明] : [發行處不明], [發行年不明]

1冊 ; 74.5 × 51.5 cm

---

채색(彩色)본임

채색 필사본으로 조선 팔도의 강역과 주요 도시 등을 기록한 지도이다. 조선에서 간행된 것을 일본에서 가져다 번각해서 만든 것이다.

## FK 211.19.  **조선국전도** 朝鮮國全圖

朝鮮國全圖 / --筆寫本. -- [發行地不明] : [發行處不明], [發行年不明]

1冊 ; 13.8 × 23.5 cm

---

채색 필사본으로 조선 전체의 강역과 주요 도시, 거리 등을 기록한 지도이다. 조선에서 간행된 것을 일본에서 가져다 번각해서 만든 것이다.

## FE 264.9. 조웅전

됴[조]웅·젼[전] / --木板本. -- [漢陽] : [發行處不明], [發行年不明]
1册(30張) ; 23.4 × 16.5 cm

---

京板本
印文 : 英國阿須頓藏書

작자 연대 미상의 고소설로 영웅-군담소설의 대표작이다. 이 책은
경판 방각본 소설로 전체 30장본이다.

## FK 247.2. 전운옥편 全韻玉篇

全韻玉篇 / --木板本. -- [發行地不明] : [春坊], [己卯(1879)]
2卷2册 : 四周雙邊 半郭 21.8 × 16.4 cm, 有界, 10行15字, 上下向黑
魚尾 ; 28.3 × 18.9 cm

---

刊記 : 己卯(1879)新刊春坊藏板

중국 <강희자전>의 체재를 본떠서 만든 한자 사전이다. 정조 때 간행
된 뒤로 유학자들 사이에서 많이 애용되었다고 한다.

## FK 220-1. **주해천자문** 註解千字文

註解千字文 / --木板本. -- [發行地不明]：[發行處不明], [發行年不明]

1冊(32張)：四周雙邊 半郭 23.2 × 17.3 cm, 有界, 上下向黑魚尾 ; 30.5 × 19.3 cm

한자, 한문을 쉽게 접할 수 있도록 만든 초학자용 교과서이다. 중국 양(梁)나라 때의 주흥사(周興嗣)가 사언고시(四言古詩) 250구(句)의 형태로 모두 1000자를 만들었다.

## FK 220-10. **계몽편언해** 啓蒙篇諺解

啓蒙篇諺解 / --木板本. -- [發行地不明]：[發行處不明], [發行年不明]

1冊(32張)：四周單邊 半郭 22.5 × 16.3 cm, 有界, 上下向2葉花紋魚尾 ; 29.4 × 18.4 cm

한자, 한문을 쉽게 접할 수 있도록 만든 초학자용 교과서이다. 유교의 기본 소양을 다룬 한문 장구(章句)를 모아 한글로 토(吐)를 달고 언해하였다.

## FK 287.1. **오륜행실도** 五倫行實圖

五倫行實圖 / 李秉模(朝鮮) 等受命編. --金屬活字本(整理字). -- [發行地不明] : [發行處不明], [正祖 21(1797)]
2卷2册 : 揷圖, 四周雙邊 半郭 22.0 × 14.7 cm, 有界, 10行20字, 上黑魚尾 ; 29.8 × 19.3 cm

序 : 宣德七(1432)…權採
三綱行實圖原跋 : 歲丙午(1726)…尹憲柱
序 : 上之二十有一年 丁巳(1797)…李晚秀

중국과 우리나라에서 효자, 충신, 열녀, 형제, 종족, 붕우, 사생(師生)으로 뛰어난 인물을 모아 만든 교훈서이다.

## FK 287.2. **오륜행실도** 五倫行實圖

五倫行實圖 / 李秉模(朝鮮) 等受命編. --金屬活字本(整理字). -- [發行地不明] : [發行處不明], [正祖 21(1797)]
3卷3册 : 揷圖, 四周雙邊 半郭 22.0 × 14.7 cm, 有界, 10行20字, 上黑魚尾 ; 29.8 × 19.3 cm

FK 287.1과 동일한 자료이다.

## FK 225.1. **삼한기략** 三韓紀略

三韓紀略 / --筆寫本. -- [發行地不明] : [發行處不明], [發行年不明]
2卷2冊 ; 29.3 × 19.3 cm

印文 : 武田氏圖書印 ; 英國薩道藏書

삼국시대부터 조선시대까지의 역사를 정리해 놓은 책이다. 필사본으로 필사자와 정확한 필사 시기 등을 알려줄 만한 필사기는 남아있지 않다.

## FE 290.24-1. **래취예수** 來就耶蘇

릭[래]취[취]예수 / W. L. Swallen 著. --新鉛活字本. -- [서울] : [대한예수교셔회], [高宗 35(1899)]
1冊(54張) ; 21.5 × 13.5 cm

刊記 : 쥬강싱일쳔팔빅구십구년 셩샹즉죠삼십오년 긔히(1899)
印文 : 柳大模

예수 그리스도가 인간 세상에서 어떤 행적을 보였는지를 기술해 놓았다. 1899년에 간행된 것으로, 엽전 사십 푼에 판매한다는 가격 표시가 있다.

FE 290.24-1. **구세론**

구셰[세론 / --新鉛活字本. -- [서울] : [發行處不明], [高宗 35(1899)]
1冊(33張) ; 21.5 × 13.5 cm

---

刊記 : 쥬강싱일쳔팔빅구십구년 대한광무이년 긔히(1899)

예수 그리스도가 인간 세상에서 인간을 어떻게 구원했는지를 기술해
놓았다. 1899년에 간행된 것으로, 엽전 이십 푼에 판매한다는 가격
표시가 있다.

FE 290.24-2. **구세론**

구셰[세론 / --新鉛活字本. -- [서울] : [發行處不明], [高宗 31(1895)]
1冊(33張) ; 21.5 × 13.5 cm

---

刊記 : 구셰쥬강싱일쳔팔빅구십오년 대죠션긔국오빅ᄉ년 을미(1895)

FE 290.24-1.과 동일한 자료인데, 간행 시기가 앞선 1895년 자료
이다.

## FE 290.24-4. **구세진전**

구세[세]진젼[전] / --新鉛活字本. -- [서울] : [發行處不明], [高宗 32(1895)]

1冊(23張) ; 21.5 × 13.5 cm

刊記 : 쥬강싱일텬팔빅구십륙년 셩샹즉조삼십이년 을미(1895)

하나님만이 인간의 죄를 용서해 주시는 분이기 때문에 하나님께 죄를 고백하고 용서를 구해야 한다는 내용을 담고 있다. 1895년에 간행된 것이다.

## FE 290.24-5. **구세진주**

구셰[세]진쥬[주] / --新鉛活字本. -- [서울] : [發行處不明], [高宗 33(1897)]

1冊(12張) ; 23.0 × 15.0 cm

刊記 : 쥬강싱일쳔팔빅구십칠년 대죠션기국오빅륙년 정유(1897)

하나님만이 인간의 죄를 용서해 주시는 분이며 그를 믿어야만 구원을 얻을 수 있다는 내용을 담고 있다. 1897년에 간행되었다.

## FE 290.24-6. **구세진전**

구세[세]진젼[전] / --新鉛活字本. -- [發行地不明] : [發行處不明],
[고종 30(1893)]
1冊(38張) ; 23.0 × 15.0 cm

---

刊記 : 쥬강싱일천팔빅구십ᄉ년 셩샹즉죠삼십년 계ᄉ(1893)

FE 290.24-4.와 동일한 내용의 책인데, 간행연도가 앞선 1893년이다.

## FE 290.23-1. **아모권면**

ᄋ[아]모권면 / --新鉛活字本. -- [發行地不明] : [대한성교셔회간
인], [光武 5(1901)]
1冊(12張) ; 19.0 × 12.2 cm

---

刊記 : 구쥬강싱일쳔구빅일년 대한광무오년 신츅(1901)

선교 관련 책이다. 아이들을 어떻게 신앙인으로 키울 수 있는지와 건
강한 아이들로 자라나게 할 수 있는지에 대한 내용을 담고 있다. 1901
년에 간행되었다.

## FE 290.23-2.  제세론

제세론 / --新鉛活字本. -- [發行地不明] : [發行處不明], [發行年不明]

1冊(3張) ; 19.5 × 11.0 cm

---

卷末筆寫附記 : 이 칙이 텬주학 칙이 아니요 야소교 칙이니 만일 다른 칙을 또 보고시푸면 부산 관영 셔고기 시로 지은 집 미국 교수 비위량 집으로 츳즈오시오.

---

기독교 관련 책이다. 하나님이 인간을 구원하기 위하여 어떠한 행적을 보였는지에 대한 내용을 담고 있다.

---

## FE 290.23-3.  조대과 早大課

早大課 / --新鉛活字本. -- [發行地不明] : [發行處不明], [發行年不明]

1冊(8張) ; 19.4 × 13.0 cm

---

가톨릭 기도서이다. 매일 아침 기도를 어떻게 하는지에 대한 방법과 절차를 기술해 놓았다.

29

## FE 290.23-4. **천주도문** 天主禱文

天主禱文 / --新鉛活字本. -- [發行地不明] : [發行處不明], [發行年
不明]

1冊(11張) ; 19.4 × 13.0 cm

가톨릭 기도서이다. 매주 주일에 기도를 어떻게 올리고 예배를 드리
는지에 대한 방법과 절차를 기술해 놓았다.

30

## FE 290.23-5. **성체혈예의** 聖體血禮儀

聖體血禮儀 / --新鉛活字本. -- [서울] : [영국종고성교회], [光武
3(1899)]

1冊(19張) ; 19.4 × 13.5 cm

刊記 : 天主降生一千八百九十九 大韓光武三年 己亥(1899), 英國宗古
聖教會 新刊

가톨릭 기도서이다. 그리스도의 몸과 피로 이루어진 성체성사(聖體
聖事)의 제정과 신비를 축하하는 기념일에 어떻게 예배를 드리는지에
대한 방법과 절차를 기술해 놓았다.

FE 290.23-6. **만대과** 晩大課

晩大課 / ――新鉛活字本. ―― [發行地不明] : [發行處不明], [發行年
不明]
1冊(6張) ; 19.4 × 13.0 cm

가톨릭 기도서이다. 매일 저녁 기도를 어떻게 하는지에 대한 방법과
절차를 기술해 놓았다.

FE 290.23-7. **망세문답** 望洗問答

望洗問答 / ――新鉛活字本. ―― [發行地不明] : [發行處不明], [發行年
不明]
4卷4冊 ; 19.4 × 13.0 cm

권1(6장), 권2(8장), 권3(11장), 권4(24장)

영국종고성교회에서 간행한 전도 관련 서적이다. 주님을 영접하기 위
하여 자신의 죄를 묻고 속죄한다는 일련의 내용을 서술해 놓았다.

## FE 290.23-8. **주교요지**

쥬[주]교요지 / --新鉛活字本. -- [서울] : [감목 민안스딩], [建陽 2(1897)]
1冊(77張) ; 21.0 × 12.0 cm

---

刊記 : 텬쥬강싱일쳔팔빅구십칠년, 대죠션건양이년 뎡유(1897) 즁간

가톨릭 선교 관련 책이다. 천주의 존재와 사후의 세계, 사람이 지녀야
할 도리 등을 서술해 놓았다. 1897년에 간행된 것이다.

## FE 290.6-1. **구약촬요** 舊約撮要

舊約撮要 / 英國宗古聖敎會 編. --新鉛活字本. -- [서울] : [영국종
고성교회], [光武 3(1899)]
1冊(19張) ; 23.5 × 14.5 cm

---

刊記 : 天主降生一千八百九十九年, 大韓光武三年 己亥(1899), 大英國
宗古聖敎會 新刊

영국종고성교회에서 간행한 성경 관련 서적이다. 구약성서의 내용 일
부를 발췌한 것이다. 1899년에 간행된 것이다.

## FE 290.6-2. **구약촬요** 舊約撮要

舊約撮要 / --新鉛活字本. -- [發行地不明] : [發行處不明], [發行年不明]

1冊(49張) ; 12.4 × 14.5 cm

FE 290.6-1.과 동일한 자료이다. 후대에 간행된 것으로 보이며 휴대가 간편하도록 크기를 작게 만든 수진본(袖珍本)이다.

## FK 220.11. **상원제어** 象院題語

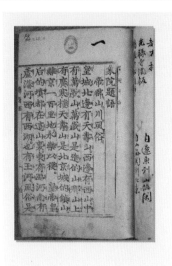

象院題語 / --木板本. -- [發行地不明] : [發行處不明], [發行年不明]

1冊(30張) : 四周雙邊 半郭 19.3 × 13.2 cm, 有界, 8行14字, 上下內向2葉花紋魚尾 ; 27.4 × 17.5 cm

卷末購入記 : 明治23年(1890)京城鐘路ニ於テモトム白須直

사역원에서 사행(使行)에 대한 절차, 이때 사용하는 중국어 등을 정리해 놓은 책이다. 1890년 서울 종로에서 구입했다는 구입기가 있다.

## FE 290.10. 천주성교예규

텬[천]쥬[주]셩[성]교례[예]규 / 민안스딩. --新鉛活字本. -- [서울] :
[發行處不明], [丙申(1896)]
1册(106張) ; 20.9 × 13.2 cm

---

刊記 : 텬쥬강싱일쳔팔빅구십륙년 병신(1896) 중간

가톨릭 예배 관련 서적이다. 선종, 임종, 병자 등을 구하는 기도, 축
문, 장례에 관한 절차 등에 대한 기도와 예식 등을 다루고 있다.

---

## FE 290.21-1. 장원량우상론

쟝[장]원량우샹[상]론 / M.밀른. --新鉛活字本. -- [서울] : [發行處不
明], [甲午(1894)]
1册(52張) ; 21.4 × 14.0 cm

---

刊記 : 구셰쥬강싱일쳔팔빅구십ᄉ년 죠션기국오빅삼년 갑오(1894)

기독교 전도 관련 서적이다. 기독교의 기본 교리를 소설 형식으로
기술하였으며 이때 두 친구를 등장시켜 문답식으로 기술해 놓았다.
1894년에 간행되었다.

## FE 290.21-2. 장원량우상론

쟝[장]원량우샹[상]론 / M. 밀른. --新鉛活字本. -- [서울] : [정동 예수교회당], [丙申(1896)]
1册(32張) ; 21.4 × 14.0 cm

刊記 : 쥬강싱일턴팔빅구십륙년, 대죠션긔국오빅오년 병신(1896), 정동 예수교회당 간인

FE 290.21-1.과 동일한 자료인데, 간행연도는 2년 뒤인 1896년이다.

## FE 290.21-3. 장원량우상론

쟝[장]원량우샹[상]론 / M. 밀른. --新鉛活字本. -- [서울] : [정동 예수교회당], [戊戌(1898)]
1册(47張) ; 21.4 × 14.0 cm

刊記 : 구셰쥬강싱일쳔팔빅구십팔년, 대죠션긔국오빅칠년 무술(1898), 정동 예수교회당 간인

FE 290.21-1, FE 290.21-2와 내용이 동일한 자료이다. 간행연도는 1898년이다.

FE 290.21-4. **천로지귀** 天路指歸

텬[천]로지귀 / A. 져드슨. --新鉛活字本. -- [서울] : [정동 예수교회당], [戊戌(1898)]

1冊(13張) ; 21.2 × 14.0 cm

刊記 : 쥬강싱일천팔빅구십팔년, 대죠션긔국오빅칠년 무술(1898), 정동 예수교회당 간인

<천로역정>과 유사한 기독교 관련 서적이다. 1898년에 간행되었다.

FE 290.21-5. **주일지키는 론**

쥬[주]일직[지]희[키]ㄴ[는] 론 / --新鉛活字本. -- [發行地不明] : [發行處不明], [己亥(1899)]

1冊(14張) ; 21.2 × 14.0 cm

刊記 : 쥬강싱일천팔빅구십구년, 성샹즉죠삼십오년 긔히(1899)

기독교 관련 서적이다. 주말을 어떻게 지키며 어떻게 예배에 임해야 하는지에 대한 내용을 서술해 놓았다. 1899년에 간행된 것으로, 엽전 십 푼에 판매한다는 가격 표시가 있다.

## FE 290.21-6.  훈아진언

훈ᄋᆞ[아]진언 / --新鉛活字本. -- [發行地不明] : [發行處不明], [辛卯
(1891)]
1册(58張) ; 21.2 × 14.0 cm

刊記 : 구셰쥬강싱일천팔빅구십일년, 셩샹즉조이십팔년 신묘(1891)
印文 : 동경 빈돈의원彬敦醫院 쥬일 후 오시 쥬일 나흘 후

기독교 관련 서적이다. 어린아이들에게 어떻게 신앙교육을 시킬지에
대한 내용을 서술해 놓았다. 1891년에 간행된 것이다.

## FE 290.21-7.  훈아진언

훈ᄋᆞ[아]진언 / --新鉛活字本. -- [發行地不明] : [發行處不明], [甲午
(1894)]
1册(46張) ; 21.2 × 14.0 cm

刊記 : 구셰쥬강싱일천팔빅구십ᄉᆞ년, 죠션기국오빅삼년 갑오(1894)

FE 290.21-6.과 동일한 자료이다. 간행연도는 1894년이다.

## FE 290.22-1.  파혹진선론

파혹진션[션]론 / --新鉛活字本. -- [發行地不明] : [發行處不明], [己亥(1899)]

1册(10張) ; 22.0 × 15.4 cm

---

刊記 : 구세쥬강싱일쳔팔빅구십구년, 대한광무삼년 긔희(1899)

기독교 관련 서적이다. 노병선이 저술한 것으로 기독교가 본래 동양의 종교라는 주장을 담고 있다. 1899년에 간행된 것이다.

## FE 290.22-2.  복음요사

복음요스[사] / --新鉛活字本. -- [發行地不明] : [發行處不明], [丙申(1896)]

1册(122張) ; 22.8 × 14.0 cm

---

刊記 : 대죠션건양원년 병신(1896), 구세쥬강싱일쳔팔빅구십륙년
印文 : 柳大模

기독교 관련 서적이다. 예수의 생애를 24장으로 나누어 기술해 놓았다. 1896년에 간행된 것이다.

## FE 290.22-3. **샛별전**

싯[샛]별젼[전] / --新鉛活字本. -- [發行地不明] : [發行處不明], [己亥(1899)]
1冊(21張) ; 22.0 × 15.4 cm

---

한글본임

刊記 : 구세쥬강싱일쳔팔빅구십구년, 성샹즉죠삼십오년 긔히(1899)

기독교 전도 관련 서적이다. 기독교의 기본 교리를 소설 형식으로 기술해 놓았는데, 주인공이 역경과 시련 속에서도 주님을 영접한다는 내용을 담고 있다.

## FE 290.22-4. **시세성례문** 施洗聖禮文

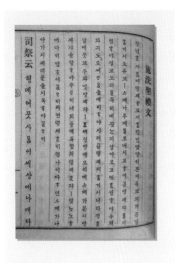

施洗聖禮文 / --新鉛活字本. -- [發行地不明] : [發行處不明], [發行年不明]
1冊(19張) ; 20.4 × 14.5 cm

---

기독교 관련 서적이다. 세례를 받을 때의 임하는 자세, 절차 등에 대한 내용을 기술해 놓았다.

## FE 290.22-5. **성교촬리**

성[셩]교촬리 / --新鉛活字本. -- [서울] : [대한성교셔회], [申丑 (1901)]

1冊(9張) ; 20.8 × 11.5 cm

---

刊記 : 구셰쥬강싱일쳔구빅일년, 대한광무오년 신축(1901)

기독교 관련 서적이다. 초기 개신교 전도에 가장 널리 사용된 성경 관련 서적으로 기독교 교리를 간략하게 설명한 책이다.

## FE 290.22-6. **성경문답** 聖經問答

聖經問答 / --新鉛活字本. -- [發行地不明] : [發行處不明], [發行年 不明]

1冊(8張) ; 20.8 × 11.5 cm

기독교 관련 서적이다. 성경에 대한 내용을 문답식으로 기술해 놓았다. 이 책은 한문본 <성경문답>으로, 간행연도는 미상이다.

## FE 290.22-7. **성경문답**

셩[성]경문답 / --新鉛活字本. -- [서울] : [미이미 교회], [光武 4(1900)]

1冊(12張) ; 20.8 × 11.5 cm

---

한글본임

刊記 : 쥬강싱일천구빅년, 대한광무ᄉ년 경ᄌ(1900), 대한 황셩 미이미 교회 인쇄쇼 간츌

FE 290.22-6.과 동일한 자료이다. 한글본이며 1900년에 간행되었다.

---

## FE 290.22-7. **성경문답**

셩[성]경문답 / --新鉛活字本. -- [서울] : [정동 예수교회당], [甲午 (1894)]

1冊(13張) ; 20.8 × 11.5 cm

---

한글본임

刊記 : 구셰쥬강싱일쳔팔빅구십오년, 죠션기국오빅삼년 갑오(1894), 정동 예수교회당 간인

FE 290.22-7.과 동일한 자료이다. 간행연도는 1894년이다.

## FE 290.17-1. 성경문답

셩[성]경문답 / --新鉛活字本. -- [서울] : [미이미 교회], [庚子(1900)]
1冊(11張) ; 11.8 × 6.7 cm

刊記 : 대한광무스년 경즈(1900), 쥬강싱일천구빅년, 대한 황셩 미이
미 교회 인쇄쇼 간츌

FE 290.22-7.과 동일한 자료이다. 1900년에 간행되었으며 휴대가 간
편하도록 크기를 작게 만든 수진본이다.

## FE 290.17-2. 장자노인론

쟝[장]자로[노]인론 / --新鉛活字本. -- [서울] : [대한성교서회], [辛
丑(1901)]
1冊(20張) ; 14.8 × 10.0 cm

刊記 : 구세쥬강싱일천구빅일년, 대한광무오년 신축(1901), 대한성교
셔회 즁간

기독교 관련서적이다. 하나님의 인간에 대한 사랑과 구원의 신념을
다루고 있다. 1901년에 간행되었다.

FE 290.17-3. **파혹진선론**

파혹진션[선]론 / --新鉛活字本. -- [서울] : [대한성교서회], [辛丑 (1901)]
1冊(20張) ; 14.8 × 10.0 cm

---

刊記 : 구셰쥬강싱일쳔구빅일년, 대한광무오년 신츅(1901), 대한성교 셔회 즁간

---

기독교 관련 서적이다. 노병선이 저술한 것으로 기독교가 본래 동양 의 종교라는 주장을 담고 있다. 1901년에 간행된 것이다.

---

FE 290.17-4. **병인사주**

병인ᄉ[새쥬[주] / --新鉛活字本. -- [서울] : [미이미 교회], [庚子 (1900)]
1冊(6張) ; 14.8 × 10.0 cm

---

刊記 : 대한 황셩 미이미 교회 인쇄쇼 간출

---

기독교 관련 서적이다. 어려서부터 반신불수였던 주인공이 주님을 영 접하고 선교사가 된다는 내용을 담고 있다. 1900년에 간행된 것이다.

## FE 290.17-5. **성교찰리**

셩[성]교찰리 / --新鉛活字本. -- [서울] : [대한셩교셔회], [辛丑 (1901)]

1冊(10張) ; 14.8 × 10.0 cm

---

刊記 : 구셰쥬강싱일쳔구십일년, 대한광무오년 신츅(1901), 대한 셩 교셔회 즁간

기독교 관련 서적이다. 초기 개신교 전도에 가장 널리 사용된 성경 관 련 서적으로 기독교 교리를 간략하게 설명한 책이다.

## FE 290.17-6. **속죄지법**

쇽[속]죄지법 / --新鉛活字本. -- [서울] : [미이미 교회], [庚子(1900)]

1冊(7張) ; 14.8 × 10.0 cm

---

刊記 : 쥬강싱일쳔구빅년, 대한광무ᄉ년 경ᄌ(1900), 대한 황셩 미이 미 교회 인쇄쇼 간츌

기독교 관련 서적이다. 인간이 어떻게 구원받을 수 있는지에 대한 내 용을 담고 있다. 1900년에 간행된 것이다.

## FE 290.17-7. **성경문답** 聖經問答

聖經問答 / --新鉛活字本. -- [發行地不明] : [發行處不明], [發行年不明]

1冊(9張) ; 14.8 × 10.0 cm

---

한글본임

기독교 관련 서적이다. 성경에 대한 내용을 문답식으로 기술해 놓았다. 한글본으로 간행연도는 알 수 없다.

## FE 290.17-8. **구세진전**

구세[세]진젼[전] / --新鉛活字本. -- [發行地不明] : [發行處不明], [發行年不明]

1冊(17張) ; 14.8 × 10.0 cm

---

성경 관련 책이다. 하나님만이 인간의 죄를 용서해 주시는 분이기 때문에 하나님께 죄를 고백하고 용서를 구해야 한다는 내용을 담고 있다. 1900년에 간행된 것이다.

## FE 290.17-9. **구세진주**

구세[세]진쥬[주] / --新鉛活字本. -- [서울] : [發行處不明], [庚子 (1900)]
1冊(8張) ; 14.8 × 10.0 cm

刊記 : 쥬강싱일쳔구빅년, 대한광무ᄉ년 경ᄌ(1900), 대한 황성 미이미 교회 인쇄쇼 간츌

성경 관련 책이다. 하나님만이 인간의 죄를 용서해 주시는 분이며 그를 믿어야지만 구원을 얻을 수 있다는 내용을 담고 있다. 1900년에 간행되었다.

## FE 290.17-10. **구세론**

구세[세]론 / --新鉛活字本. -- [서울] : [미이미 교회], [庚子(1900)]
1冊(22張) ; 14.8 × 10.0 cm

刊記 : 쥬강싱일쳔구빅년, 대한광무ᄉ년 경ᄌ(1900), 대한 황성 미이미 교회 인쇄쇼 간츌

성경 관련 책이다. 예수 그리스도가 인간 세상에서 인간을 어떻게 구원했는지를 기술해 놓았다. 1900년에 간행된 것이다.

## FE 290.7. **성교리증** 聖教理證

聖教理證 / --新鉛活字本. -- [發行地不明] : [發行處不明], [光武 2(1898)]

1冊 : 四周雙邊 半郭 19.6 × 27.5 cm, 有界, 11行, 上黑魚尾 ; 14.2 × 26.6 cm

한글본임

刊記 : 天主降生一千八百九十八年, 大韓光武二年 戊戌(1898)

가톨릭 교리서이다. 천주교에 귀의해야 한다는 필연성을 기술해 놓았다. 1898년에 간행된 것이다.

## FE 290.11-1. **천주성교공과**

텬[천]쥬[주]셩[성]교공과 / --新鉛活字本. -- [發行地不明] : [發行處不明], [辛丑(1901)]

1冊(62張) ; 20.8 × 14.0 cm

刊記 : 텬쥬강싱일쳔구빅일년, 대한광무오년 신축(1901)

가톨릭 교리서이다. 매일매일의 기도문을 수록해 놓았다. 1901년에 간행된 것이다.

## FE 290.11-2. **천주성교공과**

텬[천]쥬[주]셩[성]교공과 / --新鉛活字本. -- [發行地不明] : [發行處不明], [光武 5(1901)]

2卷3冊(90張) ; 20.8 × 14.0 cm

刊記 : 텬쥬강싱일쳔구빅일년, 대한광무오년 신츅(1901) 즁간

FE 290.11-1.과 동일한 자료이다.

## FE 290.18. **주년첨례광익**

쥬[주]년쳠[첨]례광익 / 만안스딩 감쥰. --木板本. -- [發行地不明] : [發行處不明], [光武 3(1899)]

2卷2冊 : 四周雙邊 半郭 18.2 × 9.4 cm, 有界, 9行20字, 上下向黑魚尾 ; 19.0 × 12.0 cm

刊記 : 텬쥬강싱일쳔팔빅구십구년, 대한광무삼년 무슐(1899) 즁간

가톨릭 교리서이다. 가톨릭에서의 93인의 성인의 전기와 축일을 기술해 놓았다. 1899년에 간행된 것이다.

## FE 290.19. **주년첨례광익**

쥬[주]년첨[첨]례광익 / 만안스딩 감준. --木板本. -- [發行地不明] : [發行處不明], [光武 3(1899)]

2卷2册 : 四周雙邊 半郭 18.2 × 9.4 cm, 有界, 9行20字, 上下向黑魚尾 ; 19.0 × 12.0 cm

---

刊記 : 텬쥬강싱일쳔팔빅구십구년, 대한광무삼년 무슐(1899) 즁간

FE 290.18.과 동일한 자료이다.

## FE 290.14. **성경직해**

셩[성]경직히[해] / 만안스딩 감준. --新鉛活字本. -- [서울] : [發行處不明], [丁酉(1897)]

3卷3册 ; 20.8 × 14.5 cm

---

刊記 : 텬쥬강싱일쳔팔빅구십칠년 뎡유, 딕죠션기국오빅륙년 건양 이년(1897)

가톨릭 교리서이다. 주일성경, 첨례성경 등을 기술해 놓았다. 1897년 에 간행된 것이다.

## FE 290.15. **성경직해**

셩[셩]경직히[해] / 민안스딩 감준. --新鉛活字本. -- [서울] : [發行處不明], [壬辰(1892)]
3卷3册 ; 20.8 × 14.5 cm

刊記 : 텬쥬강싱일쳔팔뵉구십이년 임진(1892) 신판

FE 290.14.와 동일한 자료인데, 간행연도는 5년 앞선 1892년이다.

## FE 290.16. **성경직해**

셩[셩]경직히[해] / 민안스딩 감준. --新鉛活字本. -- [서울] : [發行處不明], [癸巳(1893)]
3卷3册 ; 20.8 × 14.5 cm

刊記 : 텬쥬강싱일쳔팔뵉구십삼년 계사(1893) 신판

FE 290.14, FE 290.15와 동일한 자료이다. 간행연도는 1893년이다.

## FE 290.21-1. **인가귀도**

인가귀도 / --新鉛活字本. -- [서울] : [정동 예수교회당], [甲午(1894)]

1冊(79張) ; 22.3 × 12.3 cm

刊記 : 쥬강싱일쳔팔빅구십亽년, 셩샹즉조삼십일년 갑오(1894), 정동 예수교회당 인발

기독교 관련 서적이다. 방탕한 생활에 빠진 주인공이 기독교를 믿고 교인으로 살아간다는 내용을 담고 있다.

## FE 290.21-2. **인가귀도**

인가귀도 / --新鉛活字本. -- [서울] : [정동 예수교회당], [庚子(1900)]

1冊(57張) ; 22.3 × 12.3 cm

刊記 : 구셰쥬강싱일쳔구빅년, 대한광무亽년 경즈(1900)

FE 290.21-1과 동일한 자료이다. 간행연도는 1900년이다.

## FE 290.21-3. 인가귀도

인가귀도 / --新鉛活字本. -- [서울] : [정동 예수교회당], [庚子 (1900)]

1冊(57張) ; 22.3 × 12.3 cm

刊記 : 구세쥬강싱일쳔구빅년, 대한광무수년 경주(1900)

FE 290.21-2.와 동일한 자료이다.

## FE 290.21-4. 신약전서

신약젼[전]셔[서] / --新鉛活字本. -- [서울] : [미이미 교회], [辛丑 (1901)]

1冊(148張) ; 22.3 × 12.3 cm

刊記 : 구세쥬강싱일쳔구빅일년, 대한광무오년 신축(1901), 대한 황성 미이미 교회 인쇄쇼 간출

기독교 성경이다. 예수님이 인간 세상에 태어난 뒤에 일들을 기록해 놓았다. 1901년에 간행된 것이다.

## FE 290.21-5.  천주성교공과

텬[쳔]쥬[주]셩[셩]교공과 / 만인스딩 감쥰. -- 新鉛活字本. -- [發行
地不明] : [發行處不明], [辛丑(1901)]
2冊 ; 20.8 × 14.5 cm

刊記 : 텬쥬강싱일쳔구빅일년, 대한광무오년 신츅(1901)
권2, 권4

가톨릭 교리서이다. 매일매일의 기도문을 수록해 놓았다. 1901년에
간행된 것이다.

## FC 248.27/28.  고려명신전 高麗名臣傳

高麗名臣傳 / 南公轍(朝鮮) 編. --金屬活字本(全史字). -- [發行地不
明] : [發行處不明], [純祖 22(1822)]
12卷6冊 : 四周單邊 半郭 21.8 × 15.8 cm, 有界, 10行20字, 上黑魚尾
; 32.8 × 21.5 cm

版心題 : 名臣錄
序 : 上之二十二年壬午(1822)…南公轍序
寄贈紙 : Presented to Cambridge University by Sir Thomas Francis
Wade, K.C.B., G.C.M.G., Minister at Peking, Professor of Chinese
in the University, 1888~1895. 11 October 1886
고려시대 명신(名臣), 학자, 충신, 효자 등의 행적을 기술한 책이다.
1822년 남공철(南公轍, 1760~1840)에 의하여 간행되었다. 이 책은 웨
이드에 의해 1886년 기증되었다.

## FK 300.6. 천로역정

텬[천]로력[역]뎡[정] / 奇一(英國) 譯. --木板本. -- [元山] : [聖會], [乙未(1895)]
2卷2冊 : 四周雙邊 半郭 22.8 cm × 17.6 cm, 有界, 11行20字, 內向3葉花紋魚尾 ; 28.6 × 19.8 cm

刊記 : 구셰쥬강싱일쳔팔빅구십오년, 대죠션기국오빅스년 을미(1895)

영국 작가 존 버니언(John Bunyan, 1628~1688)이 쓴 기독교 관련 서적이다. 1895년 조선에 입국했던 선교사 게일(James Scarth Gale, 1863~1937)이 기독교 선교를 위하여 한글로 번역했고 이해를 돕기 위해 김준근(金俊根, 생몰년 미상)이 삽화를 그렸다.

## FB 663.1. 전등신화구해 剪燈新話句解

剪燈新話句解 / 瞿佑(明) 著 ; 垂胡子 集釋. --木板本. -- [發行地不明] : [發行處不明], [發行年不明]
2卷2冊 : 揷圖, 四周單邊 半郭 24.7 × 17.5 cm, 有界, 10行18字, 上下大黑口, 上下內向黑魚尾 ; 33.5 × 21.5 cm

구우(瞿佑)가 쓴 전기소설 <전등신화>의 해설서이다. 1559년에 윤춘년(尹春年), 임기(林芑)가 수정하고 집석(集釋)하여 간행하였다.

## FC 248.1-5.  동국통감 東國通鑑

東國通鑑 / 徐居正(朝鮮) 撰. --木板本. -- [發行地不明]:[發行處不明], [發行年不明]
26冊:四周單邊 半郭 24.7 × 17.5 cm, 有界, 10行17字, 內向2葉花紋魚尾;33.5 × 21.5 cm

寄贈紙:Presented to Cambridge University by Sir Thomas Francis Wade, K.C.B., G.C.M.G., Minister at Peking, Professor of Chinese in the University, 1888~1895. 11 October 1886

우리나라 상고시대부터 고려시대까지의 역사를 담은 역사서이다. 1458년 세조(世祖) 때 왕명에 의하여 신숙주(申叔舟, 1417~1475), 서거정(徐居正, 1420~1488) 등이 편찬, 간행에 참여하였고, 1476년 성종 때 완성되었다.

## FC 248.7-26.  고려사 高麗史

高麗史 / 鄭麟趾(朝鮮)...等撰. --筆寫本. -- [發行地不明]:[翁樹崑], [1813]
137卷19冊:四周雙邊 半郭 19.2 × 12.2 cm, 有界, 8行22字;28.2 × 17.5 cm

印文:燕庭, 劉喜海印, 嘉蔭簃藏書印, 星原過眼
寄贈紙:Presented to Cambridge University by Sir Thomas Francis Wade, K.C.B., G.C.M.G., Minister at Peking, Professor of Chinese in the University, 1888~1895. 11 October 1886
조선 초기에 왕명(王命)에 의하여 만들어진 고려시대 역사를 다룬 역사서이다. 정인지(鄭麟趾, 1396~1478), 김종서(金宗瑞, 1382~1453) 등이 작업에 참여했고, 1451년 문종 때 완성되었다. 청나라의 대표적인 금석문 학자인 유희해가 소장하고 옹수곤이 교감한 중요한 자료이다.

## FK 247.3. 어정규장전운 御定奎章全韻

御定奎章全韻 / 正祖(朝鮮) 命編. --木板本. -- [發行地不明]：[發行處不明], [發行年不明]

2卷1册：四周雙邊 半郭 20.4 × 15.5 cm, 有界, 10行20字 註雙行, 上下向白魚尾；31.4 × 20.5 cm

---

內賜記：光緖七(1881)三月日/徐在羲/內賜奎章全韻一件/命除謝/命官弘文提學閔泳穆/檢校待敎臣洪淳馨(手決)

印文：奎章之寶；松琴文庫；北島愛藏；展之惠

表紙：辛巳(1881)三月日製入格

정조의 명을 받아 이덕무(李德懋, 1741~1793) 등이 편찬한 운서(韻書)이다. 우리나라식 한자음과 중국에서 사용하는 한자음을 함께 표시하였다.

## FK 290.1. 조만민광 照萬民光

照萬民光 / 英國聖敎會 編. --新鉛活字本. -- [駱洞]：[英國聖敎會], [高宗 31(1894)]

1册(50張)：四周雙邊 半郭 20.8 × 13.8 cm, 半葉 11行21字 註雙行, 上下向黑魚尾；31.7 × 19.3 cm

---

刊記：天主降生後一千八百九十四年 朝鮮開國五百三年甲午(1894) 漢陽駱洞英國聖敎會新刊

영국 성교회에서 간행한 발췌 성경이다. 복음서와 사도서 등에서 384절을 발췌하여 주일 예배 때 사용하였다.

## FB 741.18 역경금문고통론 易經今文考通論

易經今文考通論 / 李在敎, 李炳憲(朝鮮) 編. --石印本. -- [慶南晉州] : [東光印刷所], [1926]
2卷2冊 ; 27.7 × 19.4 cm

附(書簡) : 1959년 6월 5일에 함양군의 이재교(李在敎, 생몰년 미상)라는 인물이 케임브리지대학에 보낸 편지임

조선 후기에 간행된 대표적인 역학서(易學書)의 하나이다. 경남 함양에서 간행되었다.

## FC 731.136 삼경사서정문 三經四書正文

三經四書正文 / --木板本. -- [發行地不明] : [發行處不明], [發行年不明]
4卷2冊 : 四周單邊 半郭 24.3 × 16.9 cm, 有界, 10行18字 註雙行, 上下向2葉花紋魚尾 ; 33.8 × 22.4 cm

寄贈紙 : Presented to Cambridge University by Sir Thomas Francis Wade, K.C.B., G.C.M.G., Minister at Peking, Professor of Chinese in the University, 1888~1895. 11 October 1886

유교의 기본 경전인 <대학>, <중용>, <논어>의 정문(正文)만을 따로 모아 간행한 것이다.

## FC 465 16. **어정규장전운** 御定奎章全韻

御定奎章全韻 / --木板本. -- [發行地不明] : [發行處不明], [發行年不明]

2卷1冊：四周雙邊 半郭 17.1 × 10.4 cm, 有界, 10行20字, 上下向2葉花紋魚尾 ; 22.0 × 14.3 cm

---

寄贈紙 : Presented to Cambridge University by Sir Thomas Francis Wade, K.C.B., G.C.M.G., Minister at Peking, Professor of Chinese in the University, 1888~1895. 11 October 1886

운서(韻書)이다. 우리나라식 한자음과 중국에서 사용하는 한자음을 함께 표시하였다.

## FK 243.1 **조선연대기** 朝鮮年代記

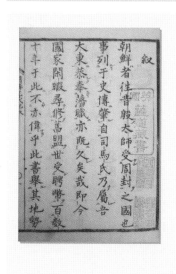

朝鮮年代記 / 金思恭(朝鮮) 輯錄 ; 曾貞幹(淸) 編譯. --木板本. -- [江戶(日本)] : [東武書坊], [1763]

3冊：揷圖, 四周雙邊 半郭 15.2 × 10.8 cm, 6行14字, 無魚尾 ; 19.1 × 13.1 cm

---

日漢文混用

印文 : 鍾奇齋圖書記, 躋壽館, 英國薩道藏書

우리나라의 역사를 역대 왕조 순서대로 설명한 책이다.

## FK 235.5 해동제국기 海東諸國記

海東諸國記 / 申叔舟(朝鮮) 編 ; 中村吉風(日本) 書寫. --筆寫本. --
[發行地不明] : [中村吉風], [1782]
不分卷2册 ; 16.6 × 28.2 cm

---

日漢文混用
卷末筆寫記 : 天明二年歲次壬寅秋八月初三日 精華堂 中村吉風書寫之

조선초에 신숙주(申叔舟, 1417~1475)가 일본의 지리와 국정, 조선과
일본 사이의 왕래와 사신 예절 등을 기록한 저술이다. 1782년 일본에
서 필사하였다.

2.2.4.
# 영국 런던대학 SOAS 소장본

## 1

CD 403.122878 **신자전** 新字典

新字典 / 崔南善 編. --新鉛活字本. -- [京城] : [朝鮮光文會], [1928]
1冊 ; 22.2 × 16.0 cm

조선광문회에서 편찬한 자전(字典)이다. 기존의 옥편(玉篇)을 새로운
시대를 맞아 조판을 새롭게 하고 개편해서 신문관에서 편찬했다.

## 2

CD 93422678-1 **증보대동기년** 增補大東紀年. 卷1

增補大東紀年 / 金炳業 著. --新鉛活字本. -- [京城] : [靑丘出版社],
[1928]
1冊 ; 26.0 × 17.3 cm

조선시대 역사서이다. 조선 태조 때부터 융희 4년(1910)까지 조선의 역
사를 수록해 놓았다. 2권2책으로 되어 있는데 이 책은 권1에 해당한다.

## 3

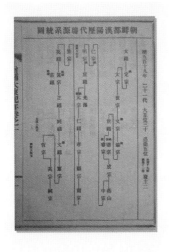

增補大東紀年 / 金炳業 著. --新鉛活字本. -- [京城] : [靑丘出版社], [1928]
1冊 ; 26.0 × 17.3 cm

조선시대 역사서이다. 조선 태조 때부터 융희 4년(1910)까지 조선의 역사를 수록해 놓았다. 2권2책으로 되어 있는데 이 책은 권2에 해당한다.

## 4

三國史記 / 金富軾(高麗) 撰. --新鉛活字本. -- [京城] : [朝鮮光文會], [1914]
1冊 ; 22.7 × 15.2 cm

조선 초기에 왕명(王命)에 의하여 만들어진 고려시대 역사를 다룬 역사서이다. 정인지(鄭麟趾, 1396~1478), 김종서(金宗瑞, 1382~1453) 등이 작업에 참여했고, 1451년 문종 때 완성되었다. SOAS본은 1914년 조선광문회에서 연활자본을 간행한 것이다.

## CD 403.122593 한일선신옥편 漢日鮮新玉篇

漢日鮮新玉篇 / 盧益亨 編. --新鉛活字本. -- [京城] : [博文書館],
[1935]
1册 ; 18.3 × 13.0 cm

박문서관에서 편찬한 자전(字典)이다. 일제강점기 기존의 옥편(玉篇)
에다 일본어를 함께 병기해서 간행했다.

## CD 813.122896-1. 언토삼국지 諺吐三國誌. 卷1

諺吐三國誌 / 羅貫中(明) 原著, 李柱浣 譯. --新鉛活字本. -- [京城]
: [滙東書館], [1919]
1册 ; 20.4 × 13.5 cm

중국소설 <삼국지연의> 120회본에 한글로 토를 달아 간행한 것이다.
회동서관에서 간행된 이 책은 전체 5권5책으로 이 책은 권1에 해당
한다.

**언토삼국지** 諺吐三國誌. 卷2

諺吐三國誌 / 羅貫中(明) 原著, 李柱浣 譯. --新鉛活字本. -- [京城]
: [滙東書館], [1920].
1冊 ; 20.4 × 13.5 cm

중국소설 <삼국지연의> 120회본에 한글로 토를 달아 간행한 것이다.
회동서관에서 간행된 이 책은 전체 5권5책으로 이 책은 권2에 해당
한다.

**언토삼국지** 諺吐三國誌. 卷3

諺吐三國誌 / 羅貫中(明) 原著, 李柱浣 譯. --新鉛活字本. -- [京城]
: [滙東書館], [1920]
1冊 ; 20.4 × 13.5 cm

중국소설 <삼국지연의> 120회본에 한글로 토를 달아 간행한 것이다.
회동서관에서 간행된 이 책은 전체 5권5책으로 이 책은 권3에 해당
한다.

## CD 813.122896-4. **언토삼국지** 諺吐三國誌. 卷4

諺吐三國誌 / 羅貫中(明) 原著, 李柱浣 譯. --新鉛活字本. -- [京城]
: [滙東書館], [1920].
1冊 ; 20.4 × 13.5 cm

중국소설 <삼국지연의> 120회본에 한글로 토를 달아 간행한 것이다.
회동서관에서 간행된 이 책은 전체 5권5책으로 이 책은 권4에 해당
한다.

## CD 813.122896-5. **언토삼국지** 諺吐三國誌. 卷5

諺吐三國誌 / 羅貫中(明) 原著, 李柱浣 譯. --新鉛活字本. -- [京城]
: [滙東書館], [1920]
1冊 ; 20.4 × 13.5 cm

중국소설 <삼국지연의> 120회본에 한글로 토를 달아 간행한 것이
다. 회동서관에서 간행된 이 책은 전체 5권5책으로 이 책은 권5에 해
당한다.

CD 405.122893. **조선어문경위** 朝鮮語文經緯

朝鮮語文經緯 / 權悳奎 著. --新鉛活字本. -- [京城] : [廣文社], [1923]

1冊 ; 20.4 × 13.5 cm

1923년 권덕규(權悳奎, 1890~1950)에 의해서 간행된 국어교과서로, 휘문, 중앙, 중동 고등학교 등에서 사용되었다. 한국의 말과 글, 한글의 역사, 을지문덕과 같은 조선의 위인, 구두(句讀)와 이두(吏讀) 등을 다루고 있다.

CD 225.12246. **신약전서** 新約全書

新約全書 / 大英聖書公會. --新鉛活字本. -- [서울] : [大英聖書公會], [隆熙 2(1908)]

1冊 ; 22.0 × 14.7 cm

刊記 : 救主降生一千九百八年 大韓隆熙二年(1908) 大英聖書公會

기독교의 성경인 <신약전서>를 국한문으로 간행한 책이다.

## CD 264.604104. 주일예배경

쥬[주]일례[예]빅[배]경 / --新鉛活字本. -- [發行地不明] : [發行處不明], [1895]

1册 ; 22.0 × 14.3 cm

刊記 : 구셰쥬강싱일쳔팔빅구십오년, 대죠션긔국오빅ᄉ년(1895)

교회에서 주일에 예배를 드리는 절차를 자세하게 다룬 책이다.

## EF CD 349.42345. 대전회통 大典會通

大典會通 / 趙斗淳(朝鮮) 等奉勅纂. --木板本. -- [發行地不明] : [發行處不明], [高宗 32(1895)]

1册(零本) : 四周雙邊 半郭 23.3 × 18.4 cm, 有界, 10行20字, 內向2葉花紋魚尾 ; 32.7 × 21.5 cm

序 : 金炳學

標題紙 : 當宁御筆乙丑(1865)補輯...中外印頒

조선시대 대표적인 법전(法典) 중의 하나이다. 1865년 고종의 왕명에 따라서 조두순(趙斗淳, 1796~1870), 김병학(金炳學, 1821~1879)이 편찬, 간행하였다.

## EF CD 291.673426. **경신록언석** 敬信錄諺釋

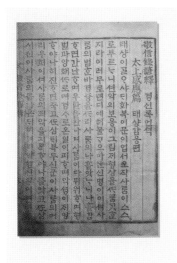

敬信錄諺釋 / --木板本. -- [發行地不明] : [發行處不明], [高宗 17(1880)]
1冊(84張) : 四周雙邊 半郭 24.9 × 19.0 cm, 有界, 11行21字, 上下內 向白魚尾 ; 31.6 × 21.3 cm

---

刊記 : 光緖六年庚辰(1880)季春刊印

도교의 경전인 <경신록>에 토(吐)를 달고 한글로 언해한 것이다. 1880년 고종의 왕명에 따라 편찬한 것이다.

## EF CD 371. **교정전운옥편** 校訂全韻玉篇

校訂全韻玉篇 / --木板本. -- [發行地不明] : [發行處不明], [發行年 不明]
2卷2冊 : 四周雙邊 半郭 23.1 × 16.2 cm, 有界, 11行字數不定, 上黑魚 尾 ; 29.0 × 19.0 cm

---

중국 <강희자전(康熙字典)>의 체재를 본떠서 만든 한자 사전이다. 정 조 때 간행된 뒤로 유학자들 사이에서 많이 애용되었다고 한다.

## EF CD 370. 국민소학독본 國民小學讀本

國民小學讀本 / 學部編輯局 編. ─ ─木活字本. ─ ─ [漢城]：[學部編輯局], [高宗 32(1895)]

2冊：四周單邊 半郭 21.7 × 14.5 cm, 有界, 10行20字, 上2葉花紋魚尾；28.5 × 18.5 cm

標題紙：學部編輯局新刊…大朝鮮開國五百四年(1895)梧秋

1895년 대한제국 학부(學部)에서 편찬한 국어 교과서이다. 41과로 나누어 조선의 전통 문물, 인물, 세계의 역사와 풍물 등을 다루고 있다.

## EF CD 813/673422. 임장군전

님[임]쟝[장]군젼[전] / ─ ─筆寫本. ─ ─ [發行地不明]：[發行處不明], [1900]

1冊(39張)；26.8 × 17.8 cm

刊記：되한 광무 스년 경즈(1900)이월 긔망

작자 연대 미상의 고소설로 실존 인물이었던 임경업(林慶業, 1594~1646)의 생애를 다룬 작품이다. 필사본으로, 되한 광무 스년 경즈(1900)이월 긔망이라는 필사기가 있다.

EF CD 813/673421. **오자서전**

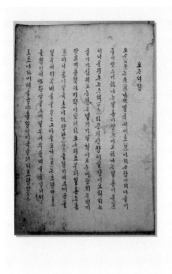

오즈[자]셔[서]젼[전] / ――筆寫本. ―― [發行地不明] : [發行處不明], [發行年不明]

1冊(54張) ; 27.2 × 21.5 cm

오자서를 주인공으로 한 고소설이다. 아버지와 형의 복수를 위한 주인공의 모습이 그려져 있다. 이 책은 필사본인데, 저본이 무엇인지는 확실하지 않다.

EF CD 813/673423. **탄금대기**

탄금딕[대]긔[기] / ――筆寫本. ―― [發行地不明] : [發行處不明], [發行年不明]

1冊(35張) ; 27.4 × 20.5 cm

이해조(李海朝, 1869~1927)가 <매일신보>에 연재했던 신소설이다. 남녀주인공의 애정 등을 다루고 있다.

## EF CD 813/673424. **백학선전**

빅[백]학션[선]젼[전] / --筆寫本. -- [發行地不明] : [發行處不明], [갑슐]

1册(38張) ; 27.4 × 20.5 cm

合附 : 삼ᄌ원종긔

작자 연대 미상의 고소설로 영웅소설, 애정소설로 분류되는 작품이다. 백학선의 영웅으로서의 면모, 여주인공과의 결연 등을 다루고 있다.

## EF CD 813/673428. **춘향전**

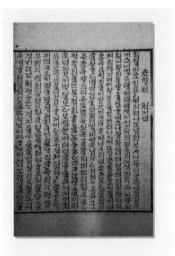

츈[춘]향젼[전] / 白斗鏞 編. --木板本. -- [京城] : [翰南書林], [1920]

1册(16張) : 四周單邊 半郭 17.7 × 15.5 cm, 無界, 15行字數不定, 上下向2葉花紋魚尾 ; 23.0 × 18.7 cm

版心題 : 춘

작자 연대 미상의 고소설로 애정소설의 대표적인 작품이다. SOAS 소장본은 경판 방각본 소설로 전체 16장본이며 한남서림 판권지가 부착되어 있다.

EF CD 813/673425. **양풍전**

양풍젼[전] / --筆寫本. -- [發行地不明] : [發行處不明], [發行年不明]
1册(37張) ; 28.0 × 19.0 cm

작자 연대 미상의 고소설로 가정소설, 계모형 가정소설 등으로 분류되
는 작품이다. 계모로 인한 양씨 집안의 갈등, 화합 등을 다루고 있다.

EF CD 813/673429. **창선감의록**

창션[선]감의록 / 趙聖期(朝鮮) 編. -- 筆寫本. -- [發行地不明] : [發
行處不明], [發行年不明]
3册(零本) ; 33.0 × 22.0 cm

작자 연대 미상의 고소설로 가정소설로 분류되는 작품이다. 화씨(花
氏) 가문의 내부적 갈등, 가족의 이합 집산을 다루고 있다.

EF CD 813/673428. **강상련**

강상년[련] / --筆寫本. -- [發行地不明] : [發行處不明], [發行年不明]
1冊(61張) ; 28.0 × 19.0 cm

<심청전>을 근대계몽기 때 개명한 것이다. SOAS 소장본은 필사본으로 신소설 <강상련(江上蓮)>을 저본으로 만든 것이다.

EF CD 813/673431. **화용도**

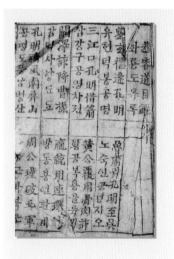

화룡[용]도 / --木板本. -- [完山] : [全州], [發行年不明]
1冊 ; 25.1 × 16.8 cm

異題 : 당양장판교적벽대전

중국소설 <삼국지연의>를 한글로 번역한 것이다. 적벽대전, 적벽대전에서 패한 조조에 대한 내용이 이 책의 주 내용이다. SOAS 소장본은 완판 방각본 소설로 뒷부분에 간기는 없다.

## EF CD 813/67343.  삼국지

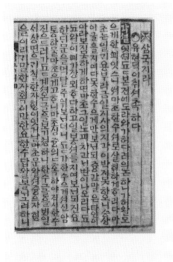

삼국지 / 卓鐘佶 編. --木板本. -- [完山] : [全州], [發行年不明]
1冊 ; 27.0 × 18.7 cm

중국소설 <삼국지연의>를 한글로 번역한 것이다. 유비가 미부인을
아내로 맞이한 내용이 이 책의 주 내용이다. SOAS 소장본은 완판 방
각본 소설로 뒷부분에 간기는 없다.

## EF CD 813/673434.  조웅전

됴[조]웅젼[전] / --木板本. -- [完山] : [全州], [癸卯(1903)]
3卷1冊 ; 27.0 × 19.3 cm

刊記 : 癸卯(1903)孟秋完山重刊

작자 연대 미상의 고소설로 영웅-군담소설로 분류되는 작품이다.
남주인공 조웅의 활약, 여주인공과의 애정 및 성취, 국가를 위기로
부터 구하는 내용 등을 다루고 있다. SOAS 소장본은 완판 방각본 소
설이다.

## EF CD 813. **목민심서** 牧民心書

牧民心書 / 丁若鏞(朝鮮) 著. --筆寫本. -- [發行地不明] : [發行處不明], [發行年不明]
48卷12冊 : 四周雙邊 半郭 18.6 × 13.4 cm, 有界, 10行22字, 上下向2葉花紋魚尾 ; 24.6 × 17.8 cm

絲欄空卷 : 硏芳齋藏

정약용(丁若鏞, 1762~1836)이 지은 책이다. 지방관리들이 해야 할 일, 백성들을 다스리는 방안 등을 기술했다. 필사본으로 硏芳齋藏이라는 장서인이 찍혀 있다.

## EF CD 813. **정본집주시전** 正本集註詩傳

正本集註詩傳 / 南宮濬 編. --新鉛活字本. -- [京城] : [唯一書館], [1918]
1冊 ; 21.9 × 15.1 cm

<시경>의 내용을 알기 쉽게 관련 내용을 주석해 놓은 책이다. 유일서관에서 1918년에 간행한 판본이다.

## EF CD 813.　진관관병편오책잔 鎭管官兵編伍册殘

鎭管官兵編伍册殘 / 柳成龍(朝鮮) 撰. --影印本. -- [京城]：[朝鮮總督府], [1936]

2册；27.3 × 15.2 cm

---

解說：昭和十一(1936)...朝鮮史編修會

1591년 선조 때에 평안도에 속한 여러 진(鎭)의 진관관병(鎭管官兵) 편제와 소속인원의 명단을 적은 책이다. 이 책은 1936년에 조선사편수회에서 간행한 책이다.

## EF CD 403.1/71746.　교정전운옥편 校訂全韻玉篇

校訂全韻玉篇 / --木板本. -- [發行地不明]：[發行處不明], [發行年不明]

2卷2册：四周雙邊 半郭 21.9 × 16.4 cm, 有界, 11行字數不定, 上下向黑魚尾；28.4 × 19.0 cm

---

板心題：全韻玉篇

序：愼村子書

중국 <강희자전(康熙字典)>의 체재를 본떠서 만든 한자 사전이다. 정조 때 간행된 뒤로 유학자들 사이에서 많이 애용되었다고 한다.

# 3. 해설

# 애스턴이 수집했던 조선시대 전적의 성격과 가치

## 러시아 상트페테르부르크 국립대학과 동방학연구소

허경진*·유춘동**

## 1. 서론

19세기 초반 조선을 방문했던 외국인들 중에는 우리나라 전적(典籍)의 가치를 일찍부터 인식하고 이를 전문적으로 수집했던 사람들이 많았다. 그 대표적인 예가 프랑스의 외교관이었던 콜랭 드 플랑시(Collin de Plancy, 1853~1922)와 모리스 쿠랑(Maurice Courant, 1865~1935)이다. 두 사람은 우리의 중요한 전적을 수집하였고, 『한국서지』라는 책을 간행하여 세계에 알렸다.[1] 그 결과 외국인들에게 우리나라 전적에 대한 관심을 높였고 수집의 계기를 제공하였다.[2] 이로 인하여 우리나라의 전적이 세계 각지로 퍼져 나가게 되었다.

그러나 유독 러시아에 있는 수많은 우리나라의 전적은 총량(總量) 파악에서부터, 어떤 경로를 통해서 수집되었는지, 그리고 어떤 작품들이 남아있는지가 알려지지 않았다.[3] 무엇보다도

---

\* 연세대학교 국어국문학과 교수
\*\* 선문대학교 역사문화콘텐츠학과 조교수

[1] 모리스 쿠랑의 『한국서지』는 당시 외국인들로부터 큰 반향을 일으켰다. 이 책은 조선전적의 가치를 전 세계에 알렸다는 점에서 큰 의미가 있다. 이 책의 한국어 완역본은 모리스쿠랑 저·이희재 역, 『한국서지』, 일조각, 1994이 있다.

[2] 올리버 에비슨(Oliver R. Avison)의 자서전을 보면 조선에 입국하자마자 플랑시(Plancy)로부터 조선에 있는 고서(古書) 수집을 제안 받는 내용을 볼 수 있다. 에밀 바라의 경우에도 이 같은 제안을 받았던 것을 볼 수 있다. 이 기록들을 보면 조선에 들어온 외국인들 사이에서 '고서의 수집과 구매'는 붐을 이루었던 것으로 보인다. Oliver R. Avison, 황용수 역, 『고종의 서양인 전의(典醫) 에비슨 박사의 눈에 비친 구한말 40여 년의 풍경』, 대구대학교, 2006.

[3] 스킬랜드는 1950년에 정리된 O.P.페트로바의 목록을 토대로 동방학연구소에 소장된 전적들을 소개했다. 그리고 몇 종의 문학 자료도 연구되었다. W.E.Skillend, *Kodaesosol*, University of London, 1968. ; 석주연, 「애스턴 구장본 百聯抄解」, 『문헌과 해석』 7집, 1999. ; 박재연·김영·손지봉, 『슈스유문(隋史遺文)』, 이회, 2004. ; 박재연·김영, 『동유긔(東遊記)』, 이회, 2004. ; 엄순천, 「러시아의 한국문학 연구와 수용 및 문학─문화교류 현황, 분석」, 『한국문학의 해외수용과 연구현황』, 연대 출판부, 2005. ; 박진완, 「러시아 동방학연구소 애스턴 문고의 한글자료」, 『한국어학』 46, 2010. ; 유춘동, 「방각본 『수호지』의 판본과 성격에 대한 연구」, 『열상고전연구』 32, 2010 등이 있다.

1990년대까지 지속되었던 냉전 구도로 인하여 자료의 접근이 어려웠기 때문인데, 이러한 상황은 현재까지도 계속 이어지고 있다. 이곳에 있는 전적들은 해외에 소장된 우리나라의 전적 중에서 큰 의미를 지닌다. 19세기 제정 러시아는 동아시아의 패권을 차지하기 위해 남하정책(南下政策)을 펼쳤고, 이 과정에서 여러 열강들 사이에서 조선에 대한 우위에 있기 위해 여러 가지로 노력했다. 이를 위하여 외교 수립은 물론, 별도로 탐사대를 조선에 파견하여 사회, 문화, 풍속 등을 집중적으로 조사했다. 그리고 조선의 중요한 정보를 담고 있는 전적들도 함께 수집했다.[4] 이처럼 목적의식을 갖고 전적들을 수집했기 때문에 가장 특색 있는 자료들을 수집하게 된 것이다.

현재 러시아에 한국전적은 모스크바의 국립대학, 국립문서보관소, 외교정책문서보관소, 군사문서보관소, 상트페테르부르크의 국립대학, 동방학연구소, 역사문화보관소 등에 남아있고, 카자흐스탄의 국립도서관에도 소장되어 있다. 이 중에서 조선어(朝鮮語) 자료와 조선문학 자료를 가장 많이 소장하고 있는 곳은 상트페테르부르크 국립대학과 동방학연구소이다. 국립대학은 제정(帝政) 러시아 때의 황제대학(皇帝大學)으로, 조선으로 파견할 외교관 양성을 목적으로 19세기 말부터 조선어를 가르쳤다. 이때, 교육에 필요한 자료를 이미 조선에 파견된 외교관들이 수시로 구매하여 이곳으로 보냈다. 그리고 동방학연구소는 러시아 학술아카데미의 주요 연구기관으로서, 조선어와 조선문학의 특성을 연구할 목적으로 조선전적을 구매하여 소장하였다. 그 결과 현재 두 기관에는 총 1827책의 조선전적이 남아 있다.

이 전적들의 전수 조사는 국외소재문화재재단의 정책연구용역과제로 진행되었다. 이 글은 이러한 과정에서 얻은 사실과 내용 등을 정리한 것이다. 두 기관에 어떤 과정을 통해 전적이 수집되었는지를 살펴보고, 확인된 자료의 총량, 이 중에서 연구할 가치가 있는 자료에 대하여 차례로 검토하기로 한다.


## 2. 국립대학과 동방학연구소의 조선전적 수집 과정

### 2.1 국립대학의 수집 과정과 경로

국립대학의 조선전적들은 두 가지 경로를 통하여 수집되었다. 19세기 말부터 이 대학의 전

---

4  한국전쟁 이후에는 북한 자료들을 체계적으로 수집했다.

사진 1. 러시아 상트페테르부르크 국립대학 정문

신(前身)인 상트페테르부르크 황제대학[5]에서 조선어를 가르치기 시작하면서부터 교육을 위해 수집된 것들과 1880년에서 1890년대까지 조선에서 근무했던 러시아 외교관들의 기증에 의한 것이다.

이 대학에서의 조선어 교육은 1897년부터 시작되었다.[6] 교육을 위해서 조선어 교과서가 필요했다. 교육은 조선에서 러시아로 파견된 김병옥(金秉玉)이 맡았다. 그는 자신이 읽었던 고소설 『춘향전』을 조선어 교재로 활용했다.[7] 이후에 그는 조선의 역사와 문화를 다룬 책들을 조선에 직접 요청하거나 외교관들을 통해 들여왔다.

현재 조선어 교육용 교재로 확인되는 것은 『춘향전』, 『천자문』, 『전운옥편』, 『토생전』, 『삼국지(권3)』 등의 고소설과 『고려사(高麗史)』, 『동국사략(東國史略)』과 같은 역사서이다. 아울러 명성황후 시해사건에 관한 심문 조서인 『개국오백사년팔월사변보고서』처럼 조선어로 된 책을 러시아어로 번역했던 교재도 확인된다. 교재는 학생 숫자만큼 구입했고, 입수된 시기에 따라 각기 다른 인장(印章)이 찍혀 있다. 그래서 책에 따라 СПбИУ[상트페테르부르크 황제대학], ПИУ[페트로그라드 황제대학], ЛИЖВЯ[에누키드제 레닌그라드 동양어대학]이라는 인장이 있다.

또 다른 수집 경로는 조선의 파견된 외교관을 통해서였다. 당시 조선 공사를 역임했던 베베르(Karl Ivanovich Wäber), 드미트레프스키(P.A. Dmitrevsky), 스이로마트니코프(Sergii N. Syromiatnikoff) 등은 조선에서 수집한 책들을 이곳에 보냈다.[8] 가장 먼저 베베르의 소장본이 들어왔다. 그는 1892년과 1910년, 두 차례에 걸쳐 기증과 매매 형식으로 소장본을 넘겼다. 이

---

5  대학의 명칭은 시대에 따라 변했다. 현재는 러시아 상트페테르부르크 국립대학이 공식적인 명칭이다.

6  Vasilyev F.G, Rachkov G.E, 『*On the History of Teaching and Researching the Korean Langue at st. Petersburg University*』, St Petersburg, 1997.

7  이 책은 동방학연구소에도 소장되어 있다.

8  이 중의 일부는 이후에 동방학연구소로 옮겨지기도 했다.

어서 1908년에 드미트레프스키, 1917년에 스이로마트니코프의 소장본이 차례로 들어왔다.[9] 베베르와 드미트레프스키가 수집한 것에는 수집시기와 장서인이 없다. 하지만 스이로마트니코프가 수집한 것에는 이러한 내용이 고스란히 남아 있다.[10]

이들 외교관들이 주로 수집했던 것은 조선의 정치, 역사, 지리, 풍습을 담은 책들이다. 베베르와 드미트레프스키는 『평양지(平壤志)』, 『송경지(松京誌)』과 같은 지지류(地誌類)를 주로 수집했다. 스이로마트니코프는 지지류뿐만 아니라 조선과 일본인이 편찬한 조선의 지도, 역사서인 『조선역사(朝鮮歷史)』, 『동국사략』, 『고려사』 등을 수집했다. 그리고 그는 조선전적들을 수집만 한 것이 아니라 중요하다고 생각한 것은 다시 러시아어로 번역하였다. 이러한 과정을 거쳐서 수집된 국립대학의 조선전적은 전체 84종 855책이다.[11]

## 2.2. 동방학연구소의 수집 과정과 경로

동방학연구소의 조선전적은 세 가지 경로를 통해서 수집되었다. 러시아 국립학술아카데미에서 조선을 연구하기 위하여 구매한 경우, 국립대학에 소장된 자료 일부가 이곳으로 옮겨진 경우, 조선에서 영국공사였던 애스턴과 고종의 외교고문이었던 묄렌도르프의 소장본을 동방학연구소에서 구매한 경우이다.

동방학연구소의 일부 조선전적들은 「상트페테르부르크 제국대학 도서관에서 입수한 도서목록」 등을 통해서 대략 언제, 어떻게 들어왔는지를 확인할 수 있다. 하지만

사진 2. 상트페테르부르크 동방학연구소

대다수의 자료는 불분명한 상황이다. 동방학연구소에서 이러한 일련의 내용을 가장 정확하게 알 수 있는 것이 애스턴과 묄렌도르프가 수집했던 것들이다.

애스턴은 그의 소장본에 언제, 어디서, 어떤 경로를 통해서 책을 입수하였는지를 짤막한 메

---

**9** 자료를 기증했는지 매매했는지는 아직도 의견이 분분하다. 한편 스이로마트니코프의 소장본은 원래 에누키드제 레닌그라드 동양어연구소에 있다가 이 대학으로 이관되었다고 한다.

**10** 그의 소장본에는 'ex-libris Sergii N. Syromiatnikoff'라고 쓰인 종이가 덧붙여 있어 구분이 가능하다. 이외에도 다른 외교관들에 의하여 전적들이 수집되었다. 하지만 그들이 누구인지는 현재 알 수가 없다.

**11** A.F.트로체비치, 앞의 책.

모 형태로 남겨놓았다. 그는 특이하게 고소설을 많이 수집했는데 그 이유는 다름 아닌 조선어 학습을 위해서였다. 그의 고소설을 보면 한글을 배우기 위해서 얼마나 열심히 공부했는지 알 수 있다. 특히, 방각본 소설을 보면 이러한 사실을 확인할 수 있다. 소설의 행(行)마다 그가 그대로 따라서 쓴 흔적을 볼 수 있다. 또한 애스턴은 심도 있는 조선어 공부를 위해 개인교사도 두었다. 그의 조선어 선생은 김재국으로 그에게 한글뿐만 아니라 조선의 문화, 이야기의 경향을 알려주기 위하여 설화집(說話集)인 『Corean Tales』[12]을 새로 필사해주었다는 내용을 기록해 놓았다.[13] 그가 조선전적 중에서 가치가 높은 고소설을 전문적으로 수집할 수 있었던 이유는 조선어 선생이 있었기 때문이다.

생각해볼 점은 조선어 선생이 이런 책들을 어디서 구해왔는가 하는 점이다. 이 책들은 당시 서울에 있었던 세책점에서 구했던 것으로 보인다. 애스턴 소장본이었던 『동유기』, 『보은기우록』, 『현씨양웅쌍린기』, 『쌍천기봉』 등은 현재 종로 근처에 있었던 묘동(廟洞) 세책점에서 구매한 세책본이다.

한편, 묄렌도르프의 소장본도 쉽게 확인된다. 책마다 독특한 그의 필적을 남겨놓았다. 그가 주로 수집했던 것은 경판 방각본 소설이었다. 하지만 애스턴처럼 입수된 경위와 같은 구체적인 기록은 남겨놓지 않았다. 다만 그의 전적은 다른 책과 비교해볼 때 특징이 있다. 현재 우리가 볼 수 있는 방각본 소설의 지질(紙質)과 비교해보면 큰 종이에 찍었고, 한 번도 읽어본 적이 없는 깨끗한 상태라는 점이다. 이것은 아마도 방각본 소설을 전문적으로 팔았던 책사(冊肆)나 세책점 등에서 막 찍어냈던 것을 바로 구매했거나 그가 알고 있던 조선 사람으로부터 따로 선물을 받았기 때문인 것으로 보인다.[14] 이러한 경로를 통하여 수집된 동방학연구소의 전적은 총 176종 972책이다.

---

12  원본을 보면 표제가 『조선야담』으로 되어 있다. 이것은 1950년대 동방학연구소에서 자료들을 정리하면서 누군가가 새로 명명한 것이다. 여러 정황을 고려했을 때 D.D.옐리세예프가 붙인 것으로 보인다. 이 책에 대한 연구는 A.F.트로체비치에 의해 이루어졌고, 울리아나가 한국에서 다시 소개하였다. 코뱌코바 울리아나, 「애스턴문고 소장 『Corean Tales』에 대한 고찰」, 『서지학보』, 32, 2008.

13  "Corean Tales by KimCheKuk(my Corean teacher) a christian, which will account for the Reinecke Fuchs–story–no doubt introduced by the French missionaries. W. Aston.", "Told not current literary popular style of narrative, but in ordinary colloquial." 이처럼 애스턴은 조선어 선생의 이름과 작품에 대한 평을 남겼다.

14  해외에 있는 방각본 소설의 경우, 한 번도 펼쳐보지 않은 것처럼 처음 찍어낸 상태의 본들이 많고 판형이 큰(인쇄된 종이가 크다)것들이 많다. 이는 막 인쇄된 것을 구입했거나 이러한 책들만 골라서 누군가에게 선물을 주었던 것으로 보인다. 이 과정에서 선물용으로 사용하기 위해 특별히 큰 종이를 가져다주어 찍게 했을 가능성이 있다. 앞으로 이에 대한 세밀한 연구가 필요하다.

# 3. 국립대학과 동방학연구소 소장 조선전적의 현황과 가치

## 3.1. 국립대학 소장 조선전적의 현황과 가치

앞서 국립대학의 조선전적들은 총 84종 855책임을 밝혔다.[15] 전적들은 『고려사』, 『여사제강(麗史提綱)』, 『동국사략』, 『난초(爛抄)』와 같은 역사서, 『군대내무서목차』와 『개국오백사년팔월사변보고서』와 같은 공문서 및 조사보고서, 『대전회통(大典會通)』, 『대명률(大明律)』, 『전율통보(典律通補)』, 『육전조례(六典條例)』와 같은 조선의 민형법서(民刑法書), 『원행을묘정리의궤(園幸乙卯整理儀軌)』, 『진찬의궤(進饌儀軌)』와 같은 의궤 및 왕실사료, 『평양지』, 『송경지』와 같은 지도류, 『편주의학입문내집(編註醫學入門內集)』과 같은 의서(醫書), 『천자문(千字文)』, 『전운옥편(全韻玉篇)』, 『유합(類合)』과 같은 사전 및 한자학습서, 『중간노걸대(重刊老乞大)』, 『박통사신석언해(朴通事新釋諺解)』, 『맹자언해(孟子諺解)』와 같은 역학서(譯學書) 및 언해본, 그리고 문학서로는 『동문선(東文選)』, 『대동패림(大東稗林)』, 고소설인 『설인귀전』, 『토생전』, 『숙영낭자전』, 『삼국지』, 『몽옥쌍봉연』 등이다. 국립대학에서는 이 책들을 Ⅰ~Ⅻ, 12개 항목으로 구분해 놓았다.[16] 이 중에서 자료적 가치가 높은 것들은 대략 40여 종이다.

**〈표 1〉 국립대학 소장 주요 한국전적**

| 번호 | 성격 | 제명 | 청구기호 | 서지사항 |
|---|---|---|---|---|
| 1 | 역사서 | 고려사 | Xyl. 1869 | 137권 81책(목차포함) |
| 2 | | 고려사 | Xyl. 1869a | 137권 67책(목차포함) |
| 3 | | 여사제강 | Xyl. 1860 | 23권 13책 |
| 4 | | 동국사략 | Xyl. 1829 | 6권 3책 |
| 5 | | 동국사략 | Xyl. 1857 | 6권 4책 |
| 6 | | 조선역사 | Xyl. 1850 | 1책 |
| 7 | | 소화외사 | Xyl. 1879 | 12권 6책 |
| 8 | 공문서 및 조사 보고서 | 군대내무서목차 | Kor. 7 | 1책 |
| 9 | | 개국오백사년팔월사변보고서 | Kor. 12 | 1책 |

---

15  A.F.트로체비치, 앞의 책.

16  A.F.트로체비치는 조선전적들을 Ⅰ. Works of History, Ⅱ. System of Administration(Civil and Military), Ⅲ. Legislation, Ⅳ. Rituals, Ⅴ. Collections of Documents, Ⅵ. Confucian,Taoist and Christian Teachings in Popular Expositions, Ⅶ. Geography, Maps, Ⅷ. Medical Works, Ⅸ. Literature (Belles-lettres, Fiction), Ⅹ. Encyclopaedias, Ⅺ. Manuals, Ⅻ. Miscellanea, List of Reference Books로 구분했다.

| | | | | |
|---|---|---|---|---|
| 10 | | 대전회통 | Xyl. F-119 | 6권 5책 |
| 11 | | 전율통보 | Xyl. 1875 | 7권 6책 |
| 12 | 민형법서 | 대명률 | Xyl. 1862 | 30권 3책 |
| 13 | | 육전조례 | Xyl. 1872 | 10권 10책 |
| 14 | | 육전조례 | Xyl. 1872a | 10권 10책 |
| 15 | | 원행을묘정리의궤 | Xyl. F132 | 5권 4책(권1, 缺本) |
| 16 | 의궤 및 | 진찬의궤 | Xyl. 1865 | 3권 3책 |
| 17 | 왕실사료 | 난초 | Xyl. 1871 | 24권 12책 |
| 18 | | 난초 | Xyl. 1871a | 24권 12책 |
| 19 | | 평양지 | Xyl. 1877 | 9권 10책 |
| 20 | | 송경지 | Xyl. 1880 | 6권 2책 |
| 21 | 지도류 | 지고 | Kor. 1(KIV7) | 1책 |
| 22 | | 조선지지전 | Kor. 4(KIV2) | 1책 |
| 23 | | 대조선예지전도 | Xyl. 1830 | 1책(10장) |
| 24 | 의서 | 편주의학입문내집 | Xyl. F-121 | 7권 19책 |
| 25 | | 천자문 | Kor. 13(Xyl. 1852) | 1책(32장본) |
| 26 | | 천자문 | Xyl. 2015 | 1책 |
| 27 | 사전 및 | 천자문 | Xyl. 2553 | 1책(17장본) |
| 28 | 한자 학습서 | 전운옥편 | Kor. 14(Xyl. 1851) | 2권 2책 |
| 29 | | 유합 | Xyl. 2016 | 1책(22장본) |
| 30 | | 동문선 | Xyl. 1867 | 54권 151책 |
| 31 | | 대동야승 | Xyl. 1891 | 72권 72책 |
| 32 | | 설인귀전 | Kor. 15(Xyl. 1857) | 1책(40장본) |
| 33 | 문학류 | 토생전 | Kor. 16(Xyl. 1853) | 1책(16장본) |
| 34 | | 숙영낭자전 | Kor. 17(Xyl. 2551) | 1책(16장본) |
| 35 | | 삼국지 | Kor. 17(Xyl. 1854) | 1책(권3, 20장본) |
| 36 | | 몽옥쌍봉연 | Kor. 19(Xyl. 1879) | 4권 4책(缺本) |
| 37 | | 중간노걸대 | Xyl. 1885 | 1책 |
| 38 | 역학서 및 | 중간노걸대 | Xyl. 1886 | 1책 |
| 39 | 언해본 | 박통사신석언해 | Xyl. 1883 | 3권 3책 |
| 40 | | 맹자언해 | Kor. 6 | 14권 7책 |

이 책들 중에서도 가장 중요한 것은 『개국오백사년팔월사변보고서』와 같은 조사보고서, 조선어 교육용 교재로 쓰였던 『천자문』, 『전운옥편』, 『유합』 등의 한자학습서, 『토생전』, 『삼국지(권3)』 등의 고소설이다.

원래 『개국오백사년팔월사변보고서』는 명성황후 시해사건에 관한 심문 조서로 1895년 고등재판소에서 활판본으로 간행한 것이다. 국내에도 이 책은 여러 곳에서 소장하고 있어서 쉽게 볼 수 있다. 하지만 눈여겨 볼 점은 러시아에서는 이 책을 다시 러시아로 번역하여 교재로 사용했다는 점이다. 이 책을 통해서 조선어도 배우고 외교관으로서 꼭 알아야 할 조선의 정치, 행정, 사법 체계 전반에 대한 지식을 배웠다.

조선어를 배우기 위해 고소설을 교육용 교재로 사용했던 예는 일본에서부터 시작되었다.[17] 러시아도 이러한 일본의 전례를 그대로 따랐다. 교육을 위해 공식적으로 사용했던 고소설은 『춘향전』, 『토생전』, 『삼국지(권3)』이다. 하지만 이곳에는 『설인귀전』, 『숙영낭자전』, 『몽옥쌍봉연』 등도 확인된다. 이 고소설 또한 교육용으로 사용했던 것으로 보인다. 단순히 몇 종의 고소설을 선택하여 선별적으로 읽었던 것이 아니라 조선에서 유행했던 고소설 대부분을 국립대학에 들여와 읽혔던 것으로 보인다. 한편, 이 소설들은 이본(異本)으로서의 가치가 높다. 『춘향전』은 조선인 교사 김병옥 자신이 알고 있던 소설의 내용을 각색해서 만든 것이다. 『설인귀전』은 또한 현재 국내에는 없는 유일본이다.[18]

국립대학에 수집된 전적을 보면 조선어 교육이나 외교관 양성과 밀접한 관계가 있다. 이곳이 러시아 최초의 조선어 교육 기관이었고 그 목적이 유능한 외교관을 길러내기 위함이었다는 점을 생각해본다면 이러한 경향은 당연한 것이다. 차후 국립대학에서의 조선어 교육의 성과는 무엇이었는지 등을 구체적으로 살펴볼 필요가 있다. 아울러 조선어 교육을 위하여 활용했던 고소설은 어떤 특성을 지니고 있는지에 대한 검토가 요구된다.

## 3.2. 동방학연구소 소장 조선전적의 현황과 가치

동방학연구소에 소장된 전적은 총 176종 972책이다. 이곳의 전적은 국립대학에 소장된 것들과 중복된 것들도 있고, 이곳에만 있는 것도 많다. 동방학연구소에 소장된 조선전적의 가장 큰 특징은 조선과 일본과의 관계를 다룬 책이 많고, 애스턴과 묄렌도르프가 수집한 고소설을 소장하고 있다는 점이다. 중요한 자료들을 <표 2>로 정리하면 다음과 같다.

---

**17**  허경진, 「고소설 필사자 하시모토 쇼요시의 행적」, 『동방학지』 112, 연대 국학연구원, 2001. ; 정병설, 「18·19세기 일본인의 조선소설 공부와 조선관 : <최충전>과 <임경업전>을 중심으로」, 『한국문화』 35, 규장각한국학연구소, 2005 등에서 이 문제를 다루었다.

**18**  이창헌, 「방각소설 출판과 관련된 몇 가지 문제」, 『고전문학연구』 35, 2009.

〈표 2〉 동방학연구소 소장 주요 한국전적

| 번호 | 성격 | 제명 | 청구기호 | 서지사항 |
|---|---|---|---|---|
| 1 | 역사서 및 야사 | 삼국사기 | D1 | 영인본(影印本) |
| 2 | | 삼국유사 | A4 | 영인본(影印本) |
| 3 | | 동국통감 | D28 | 56책 |
| 4 | | 조야기문 | C62 | 5책 |
| 5 | | 헌종기사 | B28 | 3책 |
| 6 | | 해동사 | D4 | 1책 |
| 7 | | 조선사략 | C22 | 2책 |
| 8 | | 동사회강 | D4 | 10책 |
| 9 | 지지류와 읍지 | 평양지 | D31 | 2책 |
| 10 | | 평양속지 | D32 | 4책 |
| 11 | | 동래읍지 | D78 | 1책 |
| 12 | 왕실사료 | 선원세계 | D41 | 1책 |
| 13 | | 선원계보기략 | D42 | 7책 |
| 14 | | 선원계보기략 | D43 | 1책 |
| 15 | | 진찬의궤총목 | D67 | 3책 |
| 16 | 역학서 및 언해본 | 상례초언해종 | A1 | 1책 |
| 17 | | 화어유초 | C7 | 1책 |
| 18 | | 역가필비 | C56 | 2책 |
| 19 | 임진왜란 관련 자료 | 이충무공전서 | D47 | 8책 |
| 20 | | 서애집 | D53 | 10책 |
| 21 | | 징비록 | C65 | 4책 |
| 22 | 일본에서 간행된 조선 관련 서적 | 교린수지 | C31 | 1책 |
| 23 | | 표민대화 | C67 | 1책 |
| 24 | | 고려진일기 | B12 | 4책 |
| 25 | | 정한위략 | B11 | 5책 |
| 26 | | 회본조선군기 | B10 | 10책 |
| 27 | | 회본조선정벌기 | B13 | 20책 |
| 28 | | 조선물어 | B14 | 1책 |
| 29 | 필담집 | 왜한창수집 | C27 | 1책 |
| 30 | | 계림창화속집 | C29 | 10책 |
| 31 | | 상한훈지집 | C24 | 10책 |
| 32 | | 선린풍아 | C28 | 2책 |
| 33 | | 선린풍아 후편 | C30 | 2책 |
| 34 | | 선사필담 | C25 | 1책 |
| 35 | | 왜한의담 | C26 | 1책 |

| 36 | | Corean Tales | C13 | 1책(洋裝) |
|---|---|---|---|---|
| 37 | | 동유기 | C4 | 4권 4책(落帙) |
| 38 | | 보은기우록 | C17 | 18권 18책 |
| 39 | | 설원 | B34 | 1책 |
| 40 | 설화집 및 | 수사유문 | C15 | 12권 12책 |
| 41 | 고소설 | 최충전 | B3 | 1책(일본에서 간행) |
| 42 | (필사본) | 하진양문록 | D14 | 25권 25책 |
| 43 | | 화정선행록 | C36 | 15권 15책 |
| 44 | | 현씨양웅쌍린기 | D16 | 6권 6책 |
| 45 | | 쌍천기봉 | C2 | 22권 22책 |
| 46 | | (표지 및 제목 미상) | 미분류 | 4책 |
| 47 | | 숙영낭자전 | B2-I1 | 1권 1책(28장본) |
| 48 | | 소대성전 | B2-I2 | 1권 1책(36장본) |
| 49 | | 조웅전 | B2-I3 | 1권 1책(31장본) |
| 50 | | 심청전 | B2-I4 | 1권 1책(26장본) |
| 51 | | 금방울전 | B2-I4 | 1권 1책(28장본) |
| 52 | | 임장군전 | B2-II1 | 1권 1책(27장본) |
| 53 | | 적성의전 | B2-II2 | 1권 1책(31장본) |
| 54 | | 장풍운전 | B2-II3 | 1권 1책(31장본) |
| 55 | | 구운몽 | B3-III3 | 1권 1책(32장본) |
| 56 | | 진대방전 | B3-III4 | 1권 1책(28장본) |
| 57 | | 용문전 | B3-III5 | 1권 1책(25장본) |
| 58 | | 양풍전 | B3-IV1 | 1권 1책(25장본) |
| 59 | 고소설 | 백학선전 | B3-IV2 | 1권 1책(24장본) |
| 60 | (방각본) | 숙향전 | B3-IV4 | 2권 2책(33, 30장본) |
| 61 | | 임진록 | B3-V1 | 3권 3책(각 28장본) |
| 62 | | 설인귀전 | B3-V2 | 1권 1책(30장본) |
| 63 | | 장화홍련전 | B3-V3 | 1권 1책(28장본) |
| 64 | | 흥부전 | B3-VI1 | 1권 1책(25장본) |
| 65 | | 춘향전 | B3-VI2 | 1권 1책(30장본) |
| 66 | | 당태종전 | B3-VI3 | 1권 1책(26장본) |
| 67 | | 옥주호연 | B3-VI4 | 1권 1책(29장본) |
| 68 | | 신미록 | B3-VII1 | 1권 1책(32장본) |
| 69 | | 삼설기 | B3-VII2 | 권2(26장본) |
| 70 | | 삼설기 | B3-VII3 | 권3(26장본) |
| 71 | | 소대성전 | D82 | 1권 1책(24장본) |
| 72 | | 진대방전 | D83 | 1권 1책(18장본) |

| 73 | | 장경전 | D84 | 1권 1책(35장본) |
|---|---|---|---|---|
| 74 | | 심청전 | D85 | 1권 1책(24장본) |
| 75 | | 삼설기 | D86 | 권2(26장본) |
| 76 | 고소설 | 홍길동전 | D87 | 1권 1책(24장본) |
| 77 | (방각본) | 조웅전 | D88 | 1권 1책(20장본) |
| 78 | | 흥부전 | D89 | 1권 1책(25장본) |
| 79 | | 양풍전 | D90 | 1권 1책(24장본) |
| 80 | | 적성의전 | D91 | 1권 1책(23장본) |

　　동방학연구소에 소장된 조선전적은 다양한데, 이 가운데 조선과 외국과의 관계를 다룬 책들이 많다. 이중에서 특히 중요한 것은 조선과 일본에 관계를 다룬 책들이다. 『이충무공전서(李忠武公全書)』나 『서애집(西厓集)』, 『징비록(懲毖錄)』, 『임진록』 등은 임진왜란에 관련된 책들이며, 『동래읍지(東萊邑誌)』는 왜관(倭館)에 대한 책이다. 『교린수지(交隣須知)』는 18세기부터 19세기까지 일본에서 배우던 조선어 회화책이고, 『표민대화(漂民對話)』는 일본에 표류해온 조선 어부와 상인들이 일본 전어관(傳語官)과 주고받은 대화집이다. 이 책들은 당시 러시아 외교관들이 조선을 어떻게 접근할 것인가를 연구하기 위해, 가장 오래 동안 조선을 접촉해온 일본의 방식을 알아보려고 구입했던 것으로 보인다.

　　아울러 일본에서 출판되었던 『고려진일기』, 『정한위략』, 『회본조선군기』, 『회본조선정벌기』, 『조선물어』, 『최충전』 등도 수집했다. 이 책들은 일본이 조선을 침략한 이야기를 기록한 책들로 일본 문부성에서 간행된 것들이다. 러시아 외교관들은 이러한 책을 통해서 자신들도 어떻게 조선을 침략할 것인지도 연구했을 것이다. 그리고 중요한 것은 조선통신사를 따라 일본을 방문했던 조선의 문사들이 일본 지식인들과 주고받은 필담집(筆談集)도 소장하고 있다. 『왜한창수집』, 『계림창화속집』, 『상한훈지집』, 『선린풍아』, 『선린풍아 후편』, 『선사필담』, 『왜한의담』 등의 필담집 7종이 소장되어 있다. 이 책들을 수집한 목적도 앞서 살펴보았던 것과 같은 맥락에서인 것으로 보인다.

　　그리고 이곳의 중요한 자료는 애스턴과 묄렌도르프가 수집했던 고소설이다. <표 2>에서 제시한 47번부터 70번까지가 애스턴이 수집했던 것이고, 이후 71번에서 80번까지가 묄렌도르프의 것이다. 애스턴 소장본의 특징은 방각본 소설과 같이 단권(單卷)인 경우에는 여러 권을 한데 묶어서 양장제본(洋裝製本)을 따로 해놓았다. 장편소설일 경우에는 분량이 많아서인지 '英國 阿須頓 藏書'라는 인장(印章)만 찍어놓았다. 각 책에는 소장하게 된 경위, 작품에 대한

짤막한 소감 등을 남겨두었다.

이 중에서 이본으로서 가치가 높은 것은 『Corean Tales』와 『설원』, 『조웅전』, 『임진록』, 『숙향전』, 『수호전』 등 여러 종의 방각본과 세책본이다. 『Corean Tales』와 『설원』은 그의 조선어 교사 김재국이 애스턴을 위해 본인이 직접 필사해 준 설화집이다. 이 이야기는 당시 유행하던 이야기를 필사한 것이다.[19] 이 책은 작품 자체로도 중요하지만 정동(貞洞) 주변의 생활상, 외교관들에게 협력했던 조선어 교사들의 행적, 그리고 설화집이 만들어진 생성 과정과 원천(源泉) 등을 밝히는데 대단히 중요하다.

『조웅전』은 전체 31장본으로 이전까지 소개되지 않은 자료이다. 30장본의 생성 과정과 축약 양상, 경판 『조웅전』의 간행 양상을 새로운 시각에서 설명해 줄 수 있다는 점에서 의미가 있다. 『임진록』은 상중하 3권3책, 각각 28장본으로 되어 있다. 하권은 권수제가 '임진녹 권지삼종'이며 전체 28장으로 현재까지 소개된 바가 없는 판본이다. 이 판본 또한 경판본 『임진록』의 간행 양상을 새로 규명해볼 수 있다는 점에서 중요하다. 그리고 『숙향전』과 『수호전』의 경우에는 각 작품에서 처음 간행된 방각본이다. <2권2책>으로 처음 만들어진 방각본 소설이 어떻게 분권(分卷)되고 변모되었는지를 살필 수 있는 중요한 것이다.[20] 『동유기』, 『보은기우록』, 『현씨양웅쌍린기』, 『쌍천기봉』 등은 모두 세책본으로, 묘동 세책점에서 구매한 것이다. 묘동 세책점의 존재, 다른 세책본과의 관계, 세책본에 남아있는 낙서를 통하여 세책점의 실상을 확인시켜주는 중요한 자료이다.

지금까지 동방학연구소에 소장된 중요한 전적을 간략히 살펴보았다. 이곳에 소장된 전적은 국립대학과 비교해보면 차별성이 보인다. 조선을 이해하기 위하여 오랫동안 조선을 접촉해 온 일본의 방식을 파악하고자 조선에서 간행된 일본 관련 자료는 물론이고, 일본에서 간행된 관련 전적들을 구매하거나 수집했다. 그리고 국립대학의 경우와 마찬가지로 고소설을 통하여 다양한 조선의 문화, 조선인의 삶을 규명하고 이해하려 했던 것으로 보인다.[21]

---

**19** A.F.트로체비치나 러시아의 이전 연구자들은 이 책을 김재국이 창작한 것으로 보고 있다. 하지만 필자의 견해는 이와는 다르다. 이에 대한 연구는 차후 과제로 넘긴다.

**20** 참고로 『숙향전』 <2권 2책본>은 서강대 로욜라도서관에, 『수호지』 <2권 2책본>은 프랑스 파리 동양어대학, 일본 동경대학 등에 소장되어 있다. 이 본들은 모두 러시아본과 동일한 판본이다.

**21** 동방학연구소에 소장된 자료는 현지에서 정리가 미비한 점이 많아 앞으로 추가 작업을 통하여 새로운 자료가 발굴될 가능성이 높다.

# 4. 마무리와 과제

이 글에서는 러시아 상트페테르부르크 국립대학과 동방학연구소 소장 한국전적 부분을 살펴보았다. 이 자료들은 조선어 교육을 위해 수집되었고, 수집 과정에서부터 철저한 계획과 활용 방안, 연구 등을 염두에 두었던 것이다. 아울러 애스턴의 소장본 중에서 조선시대 전적만 따로 구매했음을 알 수 있다.

이 글은 러시아에 소장된 전적 전체를 개관하는 데 초점을 두었기 때문에 애스턴 소장본의 특성, 기타 영국 케임브리지대학에 소장되어 있는 애스턴 자료와의 관계 등을 다루지 못했다. 앞으로 이 글에서 다루지 못했던 영국 케임브리지대학, 런던대학 SOAS 소장 한국전적에 대한 폭넓은 연구가 필요하다. 이러한 논의는 차후 과제로 넘긴다.

# 참고문헌

## 1. 자료

러시아 상트페테르부르크 국립대학 소장 자료

러시아 상트페테르부르크 동방학연구소 소장 자료

영국 케임브리지대학 도서관 소장 자료

영국 런던대학 SOAS 소장 자료

모리스 쿠랑 저/이희재 역, 『한국서지』, 일조각, 1994.

## 2. 단행본 및 논문

Oliver R. Avison, 황용수 역, 『고종의 서양인 전의(典醫) 에비슨 박사의 눈에 비친 구한말 40여 년의 풍경』, 대구대학교, 2006.

Trotsevich A.F, Guryeva A.A., *Description of Manuscripts and Block-prints of Korean Traditional Culture. Part II*, St Petersburg, 2009.

Trotsevich A.F, Guryeva A.A., *Description of Manuscripts and Block-prints of Korean Traditional Culture. Part I*, St Petersburg, 2008.

Vasilyev F.G, Rachkov G.E., *On the History of Teaching and Researching the Korean Langue at st. Petersburg University*, St Petersburg, 1997.

W. E. Skillend, *Kodae sosol : A survey of Korean traditional style popular novels*, London : School of Oriental and African Studies, 1968.

江蘇省社科院文學研究所編, 『中國通俗小說總目提要』, 中國文聯出版公司, 1990.

국립문화재연구소편, 『해외전적문화재조사목록』, 2005~2008.

국립중앙도서관, 『국외소재 한국 고문헌 수집 성과와 과제』, 국립중앙도서관, 2009.

김동욱, 『영인 고소설 판각본 전집』(1)~(5), 연세대학교 인문과학연구소, 1973~1975.

모리스 쿠랑 저/이희재 역, 『한국서지』, 일조각, 1994.

박재연, 『북송연의』, 학고방, 1996.

박재연/김영, 『동유긔(東遊記)』, 이회, 2004.

박재연/김영/손지봉, 『슈亽유문(隋史遺文)』, 이회, 2004.

박진완, 「러시아 동방학연구소 애스턴 문고의 한글자료」, 『한국어학』 46, 2010.

백진우, 「일본 동양문고 소장 한국 고서에 대해 : 자료 개관, 연구 현황, 연구 과제, 특징적 면모를 중심으

      로」, 『열상고전연구』 36, 2012.

석주연, 「애스턴 구장본 百聯抄解」, 『문헌과 해석』 7집, 1999.

순천시립 뿌리깊은나무박물관편, 『한글 고소설 우리말 이야기』, 디자인 길, 2013.

심경호, 「조선후기 소설 고증」, 『한국학보』 56, 1989.

엄순천, 「러시아의 한국문학 연구와 수용 및 문학─문화교류 현황, 분석」, 『한국문학의 해외수용과 연구현
      황』, 연대 출판부, 2005.

오타니 모리시게(大谷森繁), 「조선 후기의 세책 재론」, 『한국 고소설사의 시각』, 국학자료원, 1996.

오타니 모리시게(大谷森繁), 『조선후기 소설 독자연구』, 고려대 민족문화연구소, 1988.

유춘동, 「구한말 프랑스 공사관의 터다지기 노래, 원달고가」, 『연민학지』 12, 2009.

유춘동, 「방각본 수호지의 판본과 성격에 대한 연구」, 『열상고전연구』 32, 2010.

유춘동, 「책열명록에 대하여」, 『문헌과 해석』 35, 2006.

유춘동/함태영, 「일본 토야마 대학 소장 <조선개화기대중소설원본컬렉션>의 서지적 연구」, 『겨레어문학』
      46, 2009.

이능우/이옥, 「파리 동양어학교 한국서목」, 『국어국문학』 22, 1960.

이병기/백철, 『국문학전사』, 신구문화사, 1957.

이상택, 『해외일본(海外佚本) 한국 고소설 총서』, 태학사, 1998.

이상현, 『한국 고전번역가의 초상』, 소명출판.

이윤석/大谷森繁/정명기, 『세책 고소설 연구』, 혜안, 2003.

이윤석/정명기, 『구활자본 야담의 변이 양상 연구』, 보고사, 2001.

이진명, 「프랑스 국립도서관 및 동양어대학 도서관 소장 한국학자료의 현황과 연구 동향」, 『국학연구』 2집,
      2004.

이창헌, 「방각소설 출판과 관련된 몇 가지 문제」, 『고전문학연구』 35, 2009.

이창헌, 『경판 방각소설 춘향전과 필사본 남원고사의 독자층에 대한 연구』, 보고사, 2004.

이혜은, 「콜레주 드 프랑스 소장 한국 고문헌의 특징과 의의」, 『콜레주 드 프랑스 소장 한국 고문헌』, 국립중
      앙도서관, 2012.

임성래, 「하버드옌칭 도서관 소장 한국고소설 목록」, 『열상고전연구』 19, 2004.

장효현, 「장편 가문소설의 성립과 존재양태」, 『정신문화연구』 44, 1981.

정명기, 「세책본 소설의 유통 양상」, 『고소설 연구』 16, 2003.

정병설, 「18─19세기 일본인의 조선소설 공부와 조선관 : <최충전>과 <임경업전>을 중심으로」, 『한국문화』
      35, 2005.

정병설, 「빌린 소설에 그린 낙서」, 『문헌과 해석』 29, 2004.

정병설, 『조선의 음담패설』, 예옥, 2010.

정승혜, 「한글 간찰을 통해 본 근세 역관의 대일외교에 대하여」, 『대동한문학』 37, 2012.

조희웅, 「재일 한국고전소설의 서지적 연구」, 『어문학논총』 21, 국민대, 2002.

최용철, 『홍루몽의 번역과 전파』, 신서원, 2007.

코뱌코바 울리아나, 「애스턴문고 소장 『Corean Tales』에 대한 고찰」, 『서지학보』 32, 2008.

허경진, 「고소설 필사자 하시모토 쇼요시의 행적」, 『동방학지』 112, 2001.

허경진, 『하버드대학 옌칭도서관의 한국고서들』, 웅진북스, 2003.

허경진/유춘동, 「구한말~일제강점기, 외국인의 조선전적(朝鮮典籍) 수집의 현황과 의미」, 『고전번역연구』 4, 2013.

허경진/유춘동, 「러시아 상트페테르부르크 국립대학과 동방학연구소에 소장된 조선전적에 대한 연구」, 『열상고전연구』 36, 2012.

허경진/유춘동, 「애스턴(Aston)의 조선어 학습서 『Corean Tales』의 성격과 특성」, 『인문과학』 98, 2013.

# 찾아보기

# 러시아와 영국에 있는 한국전적 1
## 자료편: 목록과 해제

2015년 8월 13일 초판 1쇄 인쇄
2015년 8월 25일 초판 1쇄 발행

**발행** 국외소재문화재재단
**기획·편집** 국외소재문화재재단
**필자** 유춘동, 허경진, 이혜은, 백진우, 권진옥, 아델라이다 트로체비치, 아나스타샤 구리예바
**사진협조** 아델라이다 트로체비치, 아나스타샤 구리예바, 케임브리지대학 도서관, 런던대학 SOAS
**주소** 04517 서울특별시 중구 통일로 92 에이스타워 12층
**전화** 02-6902-0756
**홈페이지** http://www.overseaschf.or.kr

**펴낸곳** 도서출판 보고사
**주소** 02859 서울특별시 성북구 보문동7가 11번지 2층
**전화** 02-922-5120~1(편집부), 02-922-2246(영업부)
**팩스** 02-922-6990
**메일** kanapub3@naver.com
**홈페이지** http://www.bogosabooks.co.kr

ISBN 979-11-5516-439-6  93020
정가 23,000원

이 도서의 국립중앙도서관 출판예정도서목록(CIP)은 서지정보유통지원시스템 홈페이지(http://seoji.nl.go.kr)와 국가자료공동목록시스템(http://www.nl.go.kr/kolisnet)에서 이용하실 수 있습니다.(CIP제어번호: CIP2015021597)